中国・サハリン
残留日本人の
歴史と体験

北東アジアの過去と現在を
次世代に伝えるために

太田 満

明石書店

まえがき

　「中国残留孤児」は聞いたことはあるけれど、どういう人たちなのかよく分からない、という若い世代は多いのではないか。あるいは、中国残留孤児を含めた「中国残留日本人」は知っているけれど、「サハリン残留日本人」は知らない、という人も多いのではないか。厚生労働省の統計では、2009 年 1 月の時点で認定中国残留孤児は 2,815 人で、そのうち 2,529 人が日本に永住帰国をしている（ただし、2000 年の中国当局の統計では中国東北地方の残留孤児は 3,768 人とされており、中国政府の認定と日本政府の認定に違いが生じている）。また、2009 年の時点で、サハリン（樺太）に残っている日本人は 435 人（厚生労働省）とされている。

　厚生労働省は、残留日本人のことを「中国残留邦人等」と述べているが、この「等」の中に、サハリン残留日本人が含まれている。本書では「等」の中に埋め込まれた、サハリン残留日本人の存在を前面に出すために、「中国・サハリン残留日本人」と述べる。なお、中国残留日本人とは、戦前・戦中に中国東北地方（旧満洲）に渡り、戦後も残留を余儀なくされ、日中の国交が回復した 1972 年以降に日本に帰国した日本人のことである。また、サハリン残留日本人とは、戦前・戦中にサハリン（樺太）に渡り、戦後も残留を余儀なくされ、ペレストロイカが始まりソ連の解体が進んだ 1990 年以降に日本に帰国した日本人のことである。

　戦後 74 年が過ぎ、戦争体験の継承が社会的課題となっているが、中国・サハリン残留日本人の体験は、広島・長崎の原爆投下、沖縄戦、日本各地の空襲等の戦争体験と比べて、あまり知られていない。現行（2019 年現在）の小・中学校の社会科教科書には、満洲や

樺太（サハリン）へのソ連軍侵攻や中国残留日本人孤児についての記述がある程度、見られるようになっている。しかし、筆者がいくつかの大学で中国・サハリン残留日本人の体験を聞いても、答えられる学生はほとんどいない。その背景には、教える側（学校教員等）の理解不足や授業時間不足もあるだろうが、戦争体験の継承が、かつての大日本帝国圏内の視野をもたず、現在の日本国内の体験（被害体験）に留まろうとする社会的風潮があるだろう。しかしながら、かつて日本が大日本帝国といわれていた時代には、日本、台湾、樺太（サハリン）、朝鮮半島、中国東北地方（満洲）、南洋群島の間で、人々の往来が活発になされていたのであり、中国・サハリン残留は、そうした人の移動を背景に、戦後の様々な要因が重なり合って起こった事象である。

　残留日本人問題は、決して過去の問題ではない。今なお、帰りたくても帰れない日本人が現地で暮らしているからである。また、単純化して捉えるべき問題でもない。すべての残留日本人が日本への永住帰国を望んでいるわけではないからである。残留日本人の中には、現地で暮らすことを選択された方もいる。その点からしても、日本に永住帰国をした人については、中国帰国者、またはサハリン帰国者と呼んだ方が適切かもしれない。だが本書では、一人ひとりの人生に大きな影響をもたらした残留体験を重視するため、中国残留日本人、サハリン残留日本人とした。便宜上、帰国後の暮らしに焦点を当てる際には中国帰国者、サハリン帰国者としている。

　地理的には異なっても、中国とサハリンのそれぞれの地で体験したことは重なる。1945年8月9日以降のソ連軍による攻撃や占領等による被害体験はその一つである。終戦日とされる8月15日を過ぎてもなお、逃避行を余儀なくされ、家族は離散し、多くの人が亡くなった。また、1946年以降に始まる日本への集団引揚げに、様々な事情で加わることができず、1959年の「未帰還者に関する特別措置法」、いわゆる「戦時死亡宣告」によって自分の戸籍が抹

消されたことや、戦後の冷戦体制などが影響して帰るに帰れなかったことなどは共通している。

　帰国後は先述したように、中国帰国者、サハリン帰国者と呼ばれるのが一般的である。北海道中国帰国者支援・交流センターによると、2016年8月現在、中国帰国者は全国に6,716人、その家族も含めると20,894人がいる。サハリン帰国者は全国に108人、家族も含めると273人がいる。帰国者1世とその家族（2世、3世）が体験した帰国後の苦労や葛藤は言うまでもない。また、帰国者といっても日本への帰国だけではない。サハリン残留日本人の場合、韓国に「帰国」することもある。

　中国・サハリン残留日本人の生活体験は、戦争とその後の国家間の対立が、家族を離散させ、人間の幸せや自由を奪うことや、帰国後の苦労から、改めて日本社会（日本の学校）がもつ問題に目を向けさせてくれる。また、敗戦前後の残留日本人の体験を追究することは、植民地下の暮らしや日ソ戦がもたらした体験、「国外」に置かれた日本人の生活を知る手がかりになる。さらには、残留日本人を育てた中国人養父母や残留朝鮮人を知る手がかりにもなる。

　中国・サハリン残留日本人の生活体験を、次世代を担う子どもたちにどう伝えていくとよいだろうか。教育（授業）研究の分野で、生活体験の継承について論じた書籍・論文はほとんど見られない。戦争体験の風化が危惧され、文化的背景の異なる人々（移民）の受け入れについて議論がなされ、中国やロシア、韓国、北朝鮮といった近隣諸国との関係に関心がもたれる中、中国・サハリン残留日本人を取り上げた学習は重要と考える。本書では、そのような学習を「中国・サハリン残留日本人学習」と呼ぶ。残留中の暮らしは無論のこと、日本または韓国への帰国後の暮らしも視野に入れた、中国・サハリン残留日本人学習のあり方を本書では提言したい。

　本書は二部構成である。「第Ⅰ部　中国・サハリン残留日本人に

向き合う」では、まず、中国・サハリン残留日本人の歴史的背景について述べる。明治以降の日本人の海外送出の歴史を概観し、日本からの満洲移民や樺太移住の歴史、戦後日本人の送還について述べたうえで、中国残留とサハリン残留の歴史のあらましを述べる。

　次に、1945年前後から現在に至る時間軸の中で、残留日本人の生活体験を紹介する。中国残留については二事例、サハリン残留については三事例を取り上げる。サハリン残留のうち、一事例はカザフ抑留体験でもあり、旧ソ連残留体験でもある。抑留といえば、軍人の抑留を想起するかもしれない。だが、民間人も抑留されていたのであり、軍人以上に帰国が困難で、長い間、置き去りにされていた。ソ連占領下のサハリンで暮らしていた日本の民間人男性が、どのような経緯でカザフに抑留されるようになったのかを紹介する。なお、それぞれの生活体験の後にはコラムを配置し、体験者5名の語りと関わりの深い人物や出来事、様子を紹介している。

　最後に、中国・サハリン残留日本人の現在を述べる。取り上げるのは、サハリン帰国者生徒の現状、帰国者を支える教室・学校、帰国者1世の願い、韓国に帰国したサハリン残留日本人の体験であり、中国・サハリン残留日本人の現在を様々な角度から紹介する。

　続いて「第Ⅱ部　次世代に伝える――学校教育の中で」ではまず、社会科教科書や教育（授業）研究の中で「中国・サハリン残留」がどのように取り上げられてきたのかを明らかにする。そのうえで、中国・サハリン残留日本人学習の事例を紹介する。具体的には、中国・サハリン残留日本人学習の本質やねらい、方法、授業事例を述べ、筆者が小学校や高校、大学で試みた、中国・サハリン残留日本人学習の実践を紹介する。続いて、中国・サハリン残留を取り上げた社会科授業づくりの方法について述べ、小学校社会科の授業事例、中学校社会科（歴史的分野）の授業事例、高等学校地歴科（歴史総合）の授業事例を紹介する。

　筆者が残留体験や満洲移民と向き合う中で、直視しなければなら

ないと思ったのは、満蒙開拓青少年義勇軍の体験である。義勇軍に参加した人の多くは、今の中学生・高校生の年齢にあたり、多くの若い命が現地で亡くなっている。学校教育の中で満洲移民を考えるなら、かつての学校で何が起こったのかを知る必要があるのではないか。社会科授業での活用を視野に入れ、義勇軍送出の歴史と体験を「資料1」「資料2」で紹介する。

　ところで、本書で取り上げた残留者一人一人の生活体験は、すべて筆者がご本人と向き合い、聞いてきたことを基にしている。ご本人の人生に大きな影響を与えた当時の社会、過酷な苦労に耐え、苦難を乗り越えようとされた人生の軌跡に、筆者は引き込まれ、時に呆然とし、現代社会における意味を考えさせられてきた。1945年の大日本帝国の敗戦と、それに伴う国境の大変動を生きた、生身の人間の歴史と向き合うことは、改めて、国籍や民族、ジェンダー、人権等について考える機会を与えてくれる。残留者の生活体験を未来社会につなげていく営みは、私たち一人ひとりに求められているが、教育が果たす役割は決して小さくないだろう。

　本書は、様々な立場の方に読んで頂けるようにと願っているが、とりわけ、子どもへの教育に高い専門性をもつ学校教員や、これから教員になろうとする学生に手にとって頂きたいと思っている。未来社会を担う子どもたちが、中国・サハリン残留体験と向き合うこと、そして、体験者の託した「何か」を発見したり気付いたりすること、あるいは本書内容をたたき台・踏み台にして先生方による教育実践につながれば幸いである。

まえがき　　7

まえがき　　3

第Ⅰ部　中国・サハリン残留日本人に向き合う　　13

第1章　中国・サハリン残留日本人の歴史　　14

1. 明治以降の日本人の海外送出　　14
2. 満洲移民　　16
3. 樺太移住　　19
4. 戦後日本人の送還　　21
5. 中国からの引揚げと残留　　24
6. 樺太（サハリン）からの引揚げと残留　　28

第2章　中国残留の生活体験　　30

1. 中国残留体験Ⅰ──種子島秀子さんの場合　　30
   - （1）満洲に渡る　　30
   - （2）敗戦前後　　33
   - （3）収容所での生活　　37
   - （4）収容所を出て　　40
   - （5）当時を振り返って　　42

   コラム①　京都廟嶺開拓団の引揚げ体験　　45

2. 中国残留体験Ⅱ──猿田勝久さんの場合　　49
   - （1）満洲に渡る　　49
   - （2）母も亡くなって　　50
   - （3）中国での学校生活　　51
   - （4）中国での暮らしと帰国への思い　　52
   - （5）永住帰国後の暮らし　　54

   コラム②　山本慈照の体験と功績　　58

第3章　サハリン残留の生活体験　61

1. サハリン残留体験Ⅰ——戸倉冨美さんの場合　61

 （1）樺太での学校生活　61

 （2）敗戦前後　64

 （3）結婚と両親との別れ　66

 （4）帰国への願い　69

 （5）日本の墓　71

 コラム③　サハリン残留日本人女性と小川峡一　73

2. サハリン残留体験Ⅱ——菅生善一さんの場合　77

 （1）私の少年時代　77

 （2）サハリンでの暮らし　79

 （3）養父のこと、母のこと　81

 （4）本当の父　81

 （5）私の家族と永住帰国　82

 コラム④　北東アジアに広がる家族　84

3. サハリン残留・カザフ抑留体験——伊藤實さんの場合　86

 （1）樺太での暮らしと敗戦前後　86

 （2）カザフでの暮らし　90

 （3）日本からの手紙　92

 （4）カザフに戻って　94

 （5）永住帰国　95

 コラム⑤　抑留の背景と民間人抑留者の苦難　97

第4章　中国・サハリン帰国者の現在　100

1. 大通高校の取り組みと帰国生徒の現在　100

2. 帰国者を支える教室・学校　102

3. ある中国帰国者1世の願い　107

4. 韓国に帰国したサハリン残留日本人の事例　111

（1）寺山八重子さん　112

（2）松本和子さん　115

第Ⅱ部　次世代に伝える──学校教育の中で　119

第5章　中国・サハリン残留日本人学習の展開　120

1. 社会科教科書の中の「中国・サハリン残留」　120
   （1）小・中学校社会科教科書に見る記述の変遷　120
   （2）現行の小・中学校社会科教科書に見る記述の傾向　123
2. 教育（授業）研究の中の「中国・サハリン残留」　133
3. 中国・サハリン残留日本人学習の本質　140
4. 中国・サハリン残留日本人学習のねらい　142
   （1）終戦や戦後を問い直す　143
   （2）植民・戦争・残留体験や帰国後の暮らしを考える　146
   （3）残留日本人の養父母について考える　149
   （4）中国残留朝鮮人について考える　151
   （5）サハリン残留朝鮮人について考える　153
5. 中国・サハリン残留日本人学習の方法　155
   （1）体験を直接に聞く　157
   （2）体験を間接的に聞く　159
   （3）記念館を訪れる　163
   （4）授業（単元）をつくる　166
6. 中国・サハリン残留日本人学習の授業事例　169
   （1）中国残留日本人学習の授業　169
   （2）サハリン残留日本人学習の授業　175
7. 中国・サハリン残留日本人学習の授業実践　179
   （1）小学校での実践　179
   （2）高校での実践　184
   （3）大学での実践　187

第6章　中国・サハリン残留を取り上げた
###　　　社会科授業　198

1. 社会科授業づくりの方法　198
   - (1) 社会科で育てる資質・能力　198
   - (2) 社会科授業づくりの類型　200
   - (3) 社会科授業づくりの方法——教材開発型授業の場合　203
   - (4) 2017年度告示の学習指導要領と社会科授業　206

2. 小学校社会科の授業事例　210
   - (1) 授業づくりの視点　210
   - (2) 授業事例Ⅰ——中国残留の場合　212
   - (3) 授業事例Ⅱ——サハリン残留の場合　213

3. 中学校社会科（歴史的分野）の授業事例　215
   - (1) 授業づくりの視点　215
   - (2) 授業事例——中国残留の場合　218

4. 高等学校地理歴史科（歴史総合）の授業事例　221
   - (1) 授業づくりの視点　221
   - (2) 授業事例——サハリン残留の場合　225

資　料　229

資料1　満蒙開拓青少年義勇軍送出の歴史　230

資料2　満蒙開拓青少年義勇軍の体験
　　　　——水田克己さんの場合　233
   - (1) 満洲に渡る　234
   - (2) 満洲での訓練　235
   - (3) ソ連参戦とその後　237
   - (4) 先生との再会　239

資料3　中国・サハリン残留に関する小学校社会科
　　　　教科書の記述　240

資料4　中国・サハリン残留に関する中学校社会科
　　　　教科書の記述　　243

あとがき　　250
引用文献・参考文献　　255

第Ⅰ部

中国・サハリン残留日本人に向き合う

第 *1* 章

中国・サハリン残留日本人の歴史

1．明治以降の日本人の海外送出

　日本人の海外送出は、「元年者」と呼ばれる移民153人が、ホノルルに渡った1868年が始まりである。その後、日本から北米や中南米、満洲などに渡って行った。移民史を紐解くと、次のような変遷・時代区分がある。

> 「①官約移民時代」→「②私約移民時代」→「③自由移民時代」→「④呼び寄せ移民時代」→「⑤南米移民時代」→「⑥満洲移民時代」

　「①官約移民時代」とは、日本とハワイ王国との条約に基づき、日本政府の取扱いでハワイに渡った契約移民の時代である。「②私約移民時代」とは、政府が営業を許可した移民会社を通じて渡った契約移民の時代である。「③自由移民時代」とは、一切の費用を自分で負担する契約によらない移民の時代である。「④呼び寄せ移民時代」とは、家族や結婚した相手が許された移民の時代である。「⑤南米移民時代」とは、南米に多くの移民を送出した時代であり、「⑥満洲移民時代」は、南米に代わって満洲に多くの移民を送出した時代である。これらの時代区分から、移民の形態や移民先が時代

14

を経て変化していったことが伺える。

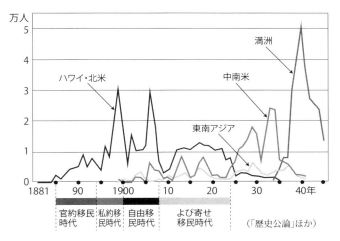

図 1-1　移民者数・移民先の移り変わり

(『新編新しい社会歴史』H17 検定済、東京書籍 p.197 より転載)

　明治以降のこのような移民送出の背景には、国内の急激な人口増加や農村の貧困問題、急速に進んだ日本の工業化や当時の世界情勢が関係している。まず、人口についてみていくと、日本の人口は、明治維新後の 1872 年（明治 5）に 3,500 万人に始まり、1936 年（昭和 11）に 7,000 万人、1970 年（昭和 45）に 1 億人を超え、明治以降の 100 年間で急激に伸びていった。人口増加が顕著に表れたのが、農村人口である。食べていけない農家の二、三男は国内の大都市や産業の発展する都市に向かい、日本の都市産業を支え、それ以上の過剰人口は、国際的な移動に吸収されていったのである。

　世界に目を向ければ、17 世紀初頭の奴隷貿易廃止の流れから、世界の労働市場は、東アジアの人々を引き込んでいった。19 世紀後半に始まる東アジアからの移民労働——ハワイのサトウキビ農園、アメリカ大陸横断鉄道の敷設工事、ブラジルのコーヒー農園

――は有名である。その先駆となったのが、中国からの移民である。中国では、アヘン戦争（1842年）、アロー戦争（1858〜1860年）、その後の北京条約（1860年）を経て、海外移民が公認されるようになり、大陸からの契約移民が海を渡っていったのである。

　1868年以降は、日本からもハワイや北米へと渡っていったが、1907年に北米が日本人移民の受け入れを制限して以降は、中南米に移る日本人が増えた。そして、世界恐慌後の1930年代以降、ブラジルでナショナリズムが高まり、日本人移民が制限されるようになると、今度は日本から満洲への移民が増えた。1945年の敗戦時に、満洲にはおよそ155万人、朝鮮には75万人、樺太には40万人、台湾には38万人、南洋には7万人の日本人が居住していた。

　植民地に住む日本人の多くは、都市生活者が多く、社会的優位な立場を得て、中等教育や高等教育へ進学するなど、植民地的特権を得た。この点で、台湾や朝鮮、満洲など植民地に渡った移民と、アメリカ大陸に渡った移民とは異なる。つまり、後者は、肉体労働者として社会の下層に属したのに対し、前者は、社会的階層の上層に位置する「植民」であった。

2．満洲移民

　日本人が満洲に渡るようになったのは主に日露戦争後である。当初は、満鉄関係者か、中小商工業者であり、日本人が住んでいたのは、日本の租借地であった関東州（遼東半島の先端部・大連・旅順の両港）と満鉄沿線（長春〜大連・旅順）である。満洲事変（1931年9月）まで、満洲全人口3,000万人に対し、日本人人口は約20万人程度に過ぎなかった。

　満洲事変後は、関東軍が満洲全土を支配下に置くことで、満洲国の役人になったり、会社員が転勤してきたりして、日本人人口が増えていった。満洲国は名目上は「独立国」であり、「五族協和

（日本・満洲・漢・朝鮮・蒙古の五族は平等）」を掲げていた。しかし、実際は最も少数派の日本人が政治・経済を支配し、少数派が多数派を統治するという矛盾や不安定さを解消するために、日本人人口の増加が必要とされた。

　そこで着目されたのが、農業移民である。農業移民であれば、満洲に定着させることができる。しかも、当時の日本は、人口過剰の状態で、世界恐慌の影響を受け、農村の窮乏が深刻化していた。満洲農業移民、いわゆる満蒙開拓団は、日本国内の人口問題や農村問題を解決する国策として始まった。加えて、満蒙開拓団に期待されたのは、対ソ戦の補助機能である。有事の際には兵站補給や兵士供給が期待された。そのため、ソ連との国境近くに多くの入植地が割り当てられた。

　当初考えられていた入植地は未墾地であったが、実際には既墾地が多くを占めた。入植者の増加で、現地農民の土地は安く買い上げられ、日本の開拓団に割り当てられた。国内では小作人であった開拓団員は、満洲では広い土地を得て、現地の農民を小作にしていったのである。現地民にとっては、土地も職も住居も取られた所に「地主」となった日本人が現れ、その日本人に雇ってもらって生計を立てることになる。一概にはいえないが、日本人開拓民が小作となった現地民にどう接してきたかは、敗戦後の開拓団の運命を左右した。

　満洲移民事業に尽力した著名な人物に、加藤完治や東宮鉄男がいる。東京帝大農科大学を卒業し、農民子弟教育に力を入れた加藤は、農村の救済には満洲移民しかないとし、陸軍軍人である東宮は、ソ連の武装移民をモデルに満洲移民は軍事的に必要と考えた。武装移民計画は、関東軍や拓務省の賛同を得て始まり、のちに本格的移民へと移行していった。1936年には広田弘毅内閣のもとで「20カ年百万戸送出計画」（1937年度から20年で500万家族を満洲へ送り出す計画）が出され、1937〜1941年の間に、計4万2,635

戸が、1942 〜 1945 年の間に 1 万 1,252 戸が、満洲に渡った。結果として、長野県を筆頭に、山形県、熊本県、福島県、新潟県、宮城県、岐阜県、広島県、東京都、高知県の順で多くの開拓団が送り出されていったのである。

　しかしながら、国策としての「20 カ年百万戸送出計画」は出されたものの、実際は日中戦争が起きて、計画通りには進まなかった。蘭（1994: 46）によると、1937 〜 1941 年の間の満洲移民事業は 7 万 2,600 戸が計画され、1942 〜 1945 年の間は 2 万 2,412 戸が計画されているが、前者は約 58％、後者は約 50％しか実現されていなった。この穴埋めとして着目されたのが、数え年 16 〜 19 歳の少年を対象とする満蒙開拓青少年義勇軍（満洲開拓青年義勇隊）の組織である。義勇軍は、国内と満洲での研修を経て、開拓を担うこととされた。また、産業統制で廃業した中小工業者（満洲転業移民）や空襲罹災者も、開拓団として送り出されていった。

　国策として進められる中、「拓け満蒙　行け満洲へ」などのポスターが張られたり、ニュース映画で満洲の開拓地で働く姿や若夫婦の姿が映し出されたりして、身の回りで渡満は宣伝された。また、地方では熱心な指導者によって開拓団の送出が積極的に行われ、分村計画が進められていった。根深い因習と社会階層が存在する農村では、開拓民として選ばれる農民は下層農民で、半ば強制的に選出されていった（加藤 2017: 174）。学校では、満蒙開拓青少年義勇軍の募集が行われ、青少年義勇軍への勧誘が教師によって行われた。成績不良者や母子家庭など、保護者の強い反対を受けそうにない子どもに目が向けられた。

　敗戦直前にはソ連軍の侵攻は予測されていたが、ソ連軍の攻撃を誘発することを恐れ、国境周辺の日本人避難計画は実行されなかった。また、関東軍の兵員充足のため、1945 年 6 月から「根こそぎ動員」が実施され、在満日本人男性 17 〜 45 歳が大量召集された。その結果、開拓団は老人・女性・子どもばかりとなった。召集され

た在満日本人の多くは敗戦後に、シベリア抑留となる。

　ソ連軍の満洲侵攻は 8 月 9 日に始まり、各地の開拓団が壊滅状態になる。ソ連軍の攻撃に加え、現地人の襲撃もあり、集団自決も行われた。逃避行により多くの犠牲者を生んでいる。最も犠牲者が出たのは流入先の難民収容所であり、伝染病や栄養失調により多くの人が亡くなった。生きていくために、現地人に子どもを引き渡したり、女性が現地人の妻となったりした。そのような人たちは、日本人の集団から離れることになったため、引揚げが始まった時に取り残された。敗戦時に満洲（関東州を含む）に残留していた日本人は約 155 万人（うち開拓団員は 27 万人）。犠牲者は 24 万 5,000 人（うち開拓団員・義勇隊員は 7 万 2,000 人。行方不明者 1 万 1,000 人。そのうち死亡推定者 6,500 人）に上る（加藤 2017: 218）。

3. 樺太移住

　北緯 50 度以南の樺太（サハリン）が日本領になるのは、1905 年のポーツマス講和会議以降である。北海道の北方に位置する南樺太は、九州よりやや小さめ、台湾よりやや大きめと表現されてきた。1907 年に南樺太の行政機関として樺太庁が設置された。以降、1910 年代後半から製紙・パルプ工業の島として発展していき、日本人移住者の経済基盤をつくっていった。1919 年に森林の大虫害に合うと、製紙・パルプ工業依存に危機感がもたれるようになり、石炭業が注目されるようになった。

　1910 年の時点で、樺太人口の 90％は日本人が占めた。他民族が90％以上を占めた朝鮮、台湾、関東州とは異なる特徴であり、北海道に類似した日本人社会が形成された。先住民族が少なく、日露戦争後に、多くのロシア人が北サハリンや大陸に引揚げたためである。

　樺太の日本人人口は、1920 年代は台湾や満洲を抜いていた。だ

が、それでも、人的資源の不足に悩まされ続けた。1920 年の樺太の人口密度を 1 とした場合、朝鮮 27、台湾 35、関東州 74、内地 50、北海道 8、の割合であった（三木 2008）。樺太では、1926 〜 28 年に指定移民が、さらに 28 〜 40 年に集団移民が試みられたが、日本人の移住政策は功を奏さなかった。1930 年代以後は、戦時体制移行に伴う石炭資源の開発のため、より多くの労働力が必要とされたが、満洲移民との競合もあり日本人増加率は停滞した。1940 年代になっても樺太の島内社会資本整備は整わず、西海岸の縦貫鉄道は未設のままで、冬季には港湾が凍結していた。そのような中、多数の朝鮮人労働者が動員された。1945 年当時の樺太全人口は、38 万 2,713 人であり、日本人はそのうち 36 万 8,568 人、朝鮮人 2 万 3,498 人、先住民約 406 人、その他中華民国人や旧露国人等がいた。

表 1-1　南サハリンにおける民族構成の推移（単位：人）

	1930 年	1935 年	1940 年	1945 年
総数	284,930	322,475	398,837	382,713
内地人	282,639	313,115	382,057	358,568
朝鮮人	5,359	7,053	16,056	23,498
先住民族	1,933	1955	406	406
中華民国人	174	103	105	103
旧露国人	148	197	160	97

注）中山（2012: 211）を基に筆者作成

　日本人が樺太を追われるようになったのは、1945 年 8 月 9 日のソ連参戦以降である。ソ軍が国境で武力行使し、11 日には本格的な戦闘になった。8 月 13 日には、樺太庁による住民の緊急疎開が開始され、23 日までに 7 万 8,327 人の樺太住民が北海道へ移った。8 月 20 日には、ソ軍が真岡（ホルムスク）を占領し、8 月 22 日に停戦合意がなされたが、同日にユジノサハリンスクの駅前広場

が爆撃された。8月23日にソ連軍が豊原（ユジノサハリンクス）に進駐し、宗谷海峡が封鎖される。だが、北海道への密航や樺太への再密航はひそかに続けられた。1945年末までに北海道の沿岸各地へ約2万4,000人が渡ったとされる。ソ連軍によって8月25日にはソ連軍が大泊（コルサコフ）に進駐し、南樺太全土がソ連軍の占領下となる。その後、日本人はソ連軍兵士による略奪暴行におびえる生活を余儀なくされるが、他方、ソ連軍将校が日本人宅を間借りし、家族を呼び寄せたり、大陸から民間人が移住してきたりするなど、ソ連人と日本人との「共生」も始まった。

4．戦後日本人の送還

　戦争が終わり、多くの日本人が旧植民地に残された形となったが、日本政府は1945年8月14日の時点で、満洲や朝鮮半島で暮らす日本人は現地にとどまり、生活するようにとする現地定着方針（「三ヶ国宣言条項受諾に関する在外現地機関に対する訓戒」）を出し、8月26日には、在外日本人に日本国籍を離れてもよいとする文書（「関東軍方面停戦状況に関する実視報告」）を出したとされる。

　日本の敗戦下、満洲や朝鮮半島、樺太などにいた日本人の帰還は容易なことではないが、結果的には1946年から徐々に帰還することができた。この背景には、アメリカの動きがあるが、なぜアメリカは動いたのだろうか。日本では、日本人がマッカーサーにお願いし、日本人のためにアメリカが動いてくれた、という言説もある。だが、それは本当のことだろうか。結論を先取りすれば、日本人の送還は、あくまで対中戦略の一環であったということである。そもそも、GHQ（連合国軍最高司令官総司令部）が動けるのは日本と朝鮮半島のみであり、日本人の送還に関わったのは、マッカーサーの率いるGHQではなく、USFCT（中国戦域米軍）である。本節では、アメリカを始め、中国やソ連が、各地に残された日本人の送還をど

第1章　中国・サハリン残留日本人の歴史　　21

う考えていたのかを、加藤（2018）に基づいて明らかにする。

　まず、アメリカにとって最も大切なことは、日本人の送還ではなく、自国兵の帰還であったということである。そのうえで、アメリカは、中国本土にいた日本軍（支那派遣軍）の存在を警戒していたのである。というのも、100 万を超す軍がほとんど無傷の状態にあり、武装解除を請け負う中国軍の方が劣勢であったからである。また、日本の敗戦直後から中国各地で国民党軍と共産党軍が戦い始め、中国情勢が不透明になる中、国共内戦に日本軍が関与する可能性も出てきたからである。これを懸念したのが、USFCT 司令官のウェデマイヤーである。ウェデマイヤーは、日本の降伏前から米陸軍参謀総長のマーシャルと日本軍の送還計画について話し合った。1945 年 10 月 25 日に、日本人送還計画は、米軍と中国側関係機関による会議で決まるが、この計画には旧満洲にいる日本人の引揚げは含まれていなかった。というのも、満洲はソ連軍が占領した地域であり、満洲の日本軍（関東軍）の武装解除は、ソ連軍の担当とされていたからである。そして、ソ連軍は、日本降伏の際、極東ソ連軍総司令官は連合国軍最高司令官マッカーサーの指揮を受けないと宣言していた。そのため、ソ連軍占領地域に対しては、米国政府も GHQ も何もできなかったのである。1945 年 9 月に入り、日本政府も、日本人をめぐる状況の悪化を知ることになるが、ソ連に善処を要請しても、ソ連は取り合わなかった。

　この時の日本の状況を加藤（2018: 4）は次のように述べる。つまり、「敗戦国というのは、主権を失うことである。すなわち、自分たちのことを自分たちで決めることができない。すべての決定は戦勝国に委ねられる。（筆者中略）満洲引揚に関して、日本政府は残留日本人が苦しんでいるにもかかわらず彼らを見捨てたと誤解されているが、敗戦国は助けることはもちろん、『見捨てる』という主体的な行動すらできない。つまり自らの意志では何もできない。これが戦争に負けるということである」。

旧満洲におけるソ連軍の占領は中国の悩みの種でもあった。日本が降伏すると同時期に中ソ友好同盟条約が締結され、日本降伏から3カ月以内にソ連軍の撤退が約束されていたが、実行の気配は見られなかった。というのも、ソ連側からすれば、日本軍兵士のシベリア移送や旧満洲の産業施設の撤収が終わっていなかったからである。蒋介石は、ソ連軍が満洲を占領している間に共産党が勢力を伸ばすことを警戒していたが、ソ連側はこれにも応じなかった。そこで、蒋介石に近いウェデマイヤーが陸軍省に働きかけることによって、アメリカ陸軍・海軍・国務の会合が開かれ、国民党軍の満洲進駐の件が話し合われることとなり、満洲からの日本人の送還問題が話題に挙げられたのである。

　この会合以降、トルーマンも中国政策を転換し、国民党とともに満洲からの日本人送還を進め、中国全土の復興の責任を担うことを12月15日に公式に発表した。このアメリカの方針転換はソ連側を刺激し、満洲からの撤退交渉を再開させた。こうして、満洲からのソ連軍の撤退に合わせて国民党軍が進駐し、それを米軍が支援するという構図ができた。この構図は以下の形で実現された。つまり、米軍の船舶を使って国民党軍を旧満洲（葫蘆島）に送る。旧満洲で空船になった船舶に日本人を積む。そして、日本到着後は、アメリカ軍の食料を積み、それを上海へもっていく。上海到着後に、国民党軍を旧満洲へ送るのである。

　トルーマンの公式発表後、すぐに日本人の引揚げができたわけではない。特に日本へ輸送には、100万以上の日本人が帰国した後どうするかを含めて、綿密な計画や準備が必要である。結局のところ、引揚げ実施までに約5カ月を要している。ただ、大連にいた日本人には、米軍が全面支援する1946年5月からの引揚げは実施されなかった。同地は、敗戦後は、関東州ではなく旅大地区と改称され、日本人は大連に集められた。旅大地区は、中ソ友好同盟条約でソ連軍の駐留が認められ、国民党軍も進駐できず、引揚計画にも組み込

第1章　中国・サハリン残留日本人の歴史　　23

めなかった。大連からの引揚げは、最終的には米ソの直接交渉に委ねられ、日本への送還は、南樺太や北朝鮮の残留日本人、シベリア抑留兵士の帰還とともに 1946 年末になって決定されたのである。

5．中国からの引揚げと残留

　中国からの引揚げは、ソ連軍が撤退し、中華民国国民政府軍（国府軍）が進駐した 1946 年 5 月から開始された。1946 年から 1948 年にかけて行われた引揚げで、約 9 割が帰国した（「前期集団引揚げ」）。中国共産党による中華人民共和国が建国されて、引揚げ事業は一時中断するも、1953 年から 1958 年にかけて再び引揚げが開始された（「後期集団引揚げ」）。しかし、これらの引揚げは、中国人の夫や中国で出生した子どもの帰国は認められなかったため、帰国を断念した人も少なくない。養父母や配偶者に対する恩義、敗戦下の家族離散の経験から自分の子どもや配偶者を置いていくことに対する躊躇、帰国できることを知らない、知らされなかったなどの情報不足等により、帰国したくても帰国できなかったのである。1959 年には「未帰還者に関する特別措置法」が成立し、満洲での行方不明者も死亡宣告が行われ、戸籍が抹消された。同法により、自分の知らないうちに同法によって戸籍がなくなったという人が出た。

　1972 年に日中の国交が回復するが、残留孤児の肉親探し等の事業が始まるのは、それから 9 年後のことである。1981 年に、残留孤児を対象に、第 1 回訪日調査が実施された。ただ、孤児の中でも親族未判明者もいる。親族未判明の孤児が永住帰国できるようになるのは、身元引受人制度ができた 1985 年のことである。1989 年に、特別身元引受人制度ができ、親族は判明しているが、身元引受人のない孤児も永住帰国ができるようになった。この制度は、1991 年に残留婦人にも拡大されるようになる。

　残留婦人とは、敗戦時 13 歳以上の女性を指すが（残留孤児は敗戦

24

時 13 歳未満の孤児）、残留婦人は残留孤児以上に帰国が難しい状況に置かれていた。残留婦人は、敗戦当時 13 歳以上で、自己意思で残留した者と見なされたため、制度の面で、残留婦人への支援は遅れたのである。例えば、帰国後最初の受け入れ先である「中国帰国孤児定着促進センター」（1994 年に「中国帰国者定着促進センター」に改称）は、1984 年にできたが、残留婦人の入所が認められたのは、1993 年になってからである。

　その 1993 年に、残留婦人が「強行帰国」をして世論の注目を浴びている。永住帰国のできない 56 歳から 80 歳の残留婦人ら 12 人が、日本で死にたいと帰国し、空港のロビーで一晩を明かしたのである。この「事件」をきっかけに、日本政府への批判が起き、翌 1994 年に「中国残留邦人等の円滑な帰国の促進及び永住帰国後の自立の支援に関する法律」ができた。同法によって、中国残留邦人等への帰国促進と帰国後の自立支援は国の責務と位置付けられるようになったのである。

　ただ、中国帰国者の生活は、厳しい状況が続いた。日中国交正常化以降、2003 年までに永住帰国した中国帰国者本人（残留婦人の平均年齢 70 歳、残留孤児 61.5 歳）に対する調査結果によると、生活保護受給率は残留婦人・残留孤児全体で 58％にのぼり、2003 年度の日本全体の生活保護受給率 10.5％と比べても 5 倍以上となった（中国「残留孤児」国家賠償訴訟弁護団全国連絡会編 2009：28）。帰国者世帯で「本人または配偶者の片方又は両方が就労している世帯」は約 20％で、大半が単純労働である。「両方とも就労していない」が 80％にのぼり、その理由は、「高齢のため」（約 50％）、「病気や怪我のため」（約 39％）である。生活保護を受ければ、生活の安定は保証されるが、親族の見舞いや葬儀、墓参り等で里帰りをすると、保護打ち切りや保護費の返還命令を受けたりした。

　生活保護の実態を大久保（2009：293-296）は、北九州市の中国帰国者夫婦（B 夫婦）の事例として次のように紹介している。2003 年

第 1 章　中国・サハリン残留日本人の歴史　　25

4月にB夫婦に福祉事務所から渡された指示書には次のように記されていたという。

　（1）今後、衛星放送受信機（アンテナ）を取り付けない。
　（2）長期間の留守、または海外に行く場合は福祉事務所に連絡すること。
　（3）日本語の勉強を真剣に行い、上達するように努力すること。

　（1）のBさん宅の衛星放送受信機は、夫妻の子どもが日本人の友人のいない両親を思い、中国のテレビ放送が見られるようにと買ってくれたものである。(2)は、中国に行くことを指している。ある日、福祉事務所の人が来て、パスポートと銀行の預金通帳を見せなさいと言われ、その後役所に呼び出され、「生活保護を受けている人は届けてから中国に行かなければいけない」「生活保護をもらってその金を中国で使ってきてはいけない」と言われたという。B夫妻は養父母の墓参りと危篤だった義理の姉の見舞いで行き、旅費は月額13万円弱の生活保護費を節約して捻出したものだが、中国に戻っている間の保護費は支給できないと言われ、生活保護費の返還を命令されたという。Bさんは「日本に暮らす人だってお墓参りはするでしょ。命を救ってくれた養父母には恩がある。（中略）どこに行くにも監視されていて、まるで犯罪者扱いだ」と述べていたという。この他、生活保護を受けるとなると、車の所有が認められないことや、財産を一切処分すること、生命保険の解除などが求められた。

　また、国民年金については、1996年の特例措置によって大きく改められたが、残留孤児にとってはそれほど役には立っていなかったのである。国民年金は40年加入の満額で月額6万6,000円を受け取れるが、特例措置によって、保険料を納めていなくても2万2,000円は受給できるようになった。加えて、中国在住期間分を追納すれば満額支給されることになった。けれども、孤児の厚生年金は、働いた期間が短く、日本語が話せないためにパートやアルバイ

トに頼っていたことから、多い人でも2、3万円に留まり、厚生年金と国民年金を合わせても暮らせない状態であった。その結果、生活保護を受けざるをえず、生活保護を受けることは、国民年金を受けようが受けまいが、受け取る生活費は同じ額ということになる。

　2001年から始まる国家賠償請求訴訟は、残留婦人や残留孤児が立ち上がり、国は生活保護ではなく、補償として特別な生活支援をするべきだと訴えた。残留孤児は裁判の中で国に四度捨てられたと訴えてきたという（大久保 2009: 304）。1度目は、戦後まもなくである。2度目は、国が戦時死亡宣告制度を作った時である。3度目は、日中国交正常化後である。4度目は、帰国後である。これらは、早期帰国を進めず、帰国後の制度の冷たさを意味する。

　訴訟では2006年の神戸地裁以外はすべて敗訴となったが、2007年に安倍総理大臣（当時）の指示に始まる政策転換により、同年に「中国残留邦人支援法」が改正された。いわゆる新支援法ができたのである。そして、判決に至らなかった地裁の事件のすべてが取り下げられ、訴訟は終了した。

　新支援策によって何がどう変わったのか。大久保（2009: 307）は「おおざっぱにいうと、月額約8万円が支給されてきた生活保護受給者の場合、単身者で月に、基礎（国民）年金6万6,000円と8万円（夫婦で12万円）の給付金、合わせて14万6,000円（夫婦で18万6,000円）を受けることができ」るようになったという。加えて、以下のような配慮もなされることになったと述べる。

・特別高価でなければ、車の保有も認められる。
・働いて経済的に自立するよう促さない。
・子や孫の扶養に入るように促さない。
・可能な限り行政の介入を減らし、収入申告は年1回とする。
・養父母の墓参りなどで渡航しても、給付金は継続支給する。
・養父母の見舞いや墓参りにかかわる収入は収入認定から除外する。

・孤児本人が死亡してもその配偶者への給付金は続ける。

・給付金を原資とする預貯金は保有できる。

帰国者 1 世に対する筆者の聞き取りの範囲では、2007 年のいわゆる新支援法ができたことにより、暮らしに安心感をもつことができるようになったことが窺える。

6. 樺太（サハリン）からの引揚げと残留

樺太（サハリン）からの日本人の引揚げは、1946 年 12 月から1949 年 7 月まで行われ、この間に 27 万 9,356 人の日本人が内地へと移動した。いわゆる「前期集団引揚げ」である。しかし、この時にすべての日本人が引揚げたわけではなかった。この時点での「サハリン残留日本人」は次の三つに分類される（中山 2013: 747）。一つは、特別な技術者等の留用者で、引揚げ事業終了後に抑留を解除された者である。二つは、引揚げ事業終了後に抑留を解除された者や、戦後期に冤罪や軽犯罪をも含む犯罪で逮捕拘留された者で、引揚げ事業終了後に釈放された者である。三つは、婚姻や養子縁組などで朝鮮人の家族となった者およびその子どもである。

1956 年 12 月に日ソ国交正常化がなされ、いわゆる「後期集団引揚げ」が始まると、残留日本人 819 名とその家族（夫、子ども）1,471 名が日本への永住帰国を果たした（中山 2013: 755）。後期集団引揚げは前期と異なり、朝鮮人夫の同伴が可能になった。また、後期集団引揚げ前後の、1951 年から 1976 年にかけてサハリン残留日本人 135 名と朝鮮人家族 289 名が個別帰国を果たしている。しかしながら、それ以後も約 500 名前後の残留日本人がサハリンに居住していた。その中には、家族に民族籍を「朝鮮人」に変えられていたために帰国申請が却下された人もいた。

冷戦期は、日本人がサハリンを訪れることは厳しく規制されていたが、墓参団に限ってはそれが許されていた。日本社会党北海道本

部が主催する形で第一次サハリン友好親善墓参団が 1970 年に組まれ、その後は墓参団が毎年サハリンを訪問した。残留日本人はその機会を通して墓参団と接触し、日本国内に住む肉親への手紙を託したのである。墓参団に同行した小川岬一は、ペレストロイカ後の 1989 年 12 月に「樺太（サハリン）同胞一時帰国促進の会」（1992 年に「日本サハリン同胞交流協会」となる）を設立する。小川らの強い実行力の下、一時帰国事業が実現し、1990 年 5 月に第一次帰国団が日本を訪問した。以後、2016 年 8 月までに 2,215 名（家族を含め 3,201 人）のサハリン残留日本人が一時帰国をした。永住帰国は 1991 年から始まり、永住帰国者の 75% が北海道に住んでいる。

　なお、特筆すべきは、韓国に永住帰国をしている残留日本人もいることである。後述するように、1990 年前後まで、サハリン（樺太）に残された朝鮮人（朝鮮半島南部出身者）は、韓国にも帰れず、日本にも引揚げられなかったのである。残留朝鮮人は、サハリン（旧ソ連）に閉じ込められた形で 50 年近くを過ごすことになる。その間、残留日本人女性と残留朝鮮人男性との結婚があり、子どものいる家庭が築かれた。1990 年代にソ連と韓国の国交が開かれると、たくさんの残留朝鮮人が韓国に永住帰国するようになる。朝鮮人と日本人の夫婦は、韓国にも日本にも永住帰国ができるようになり、どの国を選択するか、あるいは残留するかの決断を迫られた。

　韓国に帰国した残留日本人女性のすべてが、韓国への永住帰国を希望したわけではない。様々な事情を抱えての韓国永住である。韓国への永住帰国の場合、韓国からサハリンへの一時訪問の機会は保障されているが、子どもと一緒に永住帰国することはできない。サハリンに残した子どもを思いながらの韓国永住となっている。

第2章

中国残留の生活体験

　本章では、中国残留日本人と言われる人が、どのような体験をしてきたのかを紹介する。なお、ここに記した体験は、本人にインタビュー調査をしたものを筆者が再構成したものである。

1. 中国残留体験 I ──種子島秀子さんの場合

　種子島さんは、1937年（昭和12）の京都生まれである。7歳になった1944年（昭和19）に、家族とともに京都廟嶺開拓団に加わり、満洲に渡った。敗戦後、開拓団が日本への帰国を目指す中、現地の人に襲撃され、また収容所で暮らす中で、家族を失っていく。父は亡くなり、母は再婚して、中国で養父と母に育てられる。1990年（平成2）に永住帰国し、現在は茨城県に住んでいる[1]。

　なお、ここに掲載する絵は、南正彦さんの作品である。南さんは、種子島さんから当時の様子を聞き取って絵にされた。これらの絵は、種子島さんがご自身で体験を語られる際に活用されている。

（1）満洲に渡る

　1944年当時、私の家族は、両親と、姉妹4人、従兄1人の計7人家族でした。満洲に渡る前、父はタクシー運転手をしており、母は内職をしながら専業主婦をしていました。従兄は高校生で姉は4年生でした。京都廟嶺開拓団に加わり、春ごろに大きな船に乗って

30

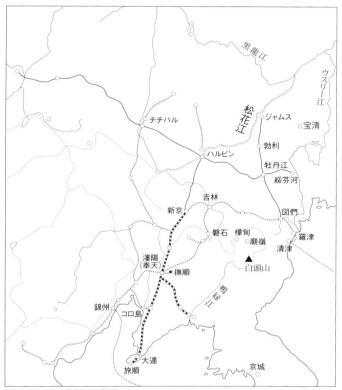

図 2-1　旧満州国地図

大陸に渡っていきました。

　入植した所は、中国東北吉林省樺甸県陽樹村という村で、山の奥にあり、夜中には遠くからオオカミの吠える声が聞こえました。冬は−35、6℃まで下がり、雪はたくさん積り、とても寒い場所でした。

　陽樹村に入った開拓団は、15、6世帯でした。家や土地、農業用家畜、工具等、また秋の収穫までの食料も既に準備され、生活環境は整っていました。父たちは集団で水田作業の準備をはじめ、母たちは家事や野菜づくりに励み、子どもたちは内地での学年に合わせ

第 2 章　中国残留の生活体験　　31

写真 2-1　種子島さん一家が入植した村の様子

て日本人の学校に通いました。
　満洲での生活が内地の生活と違うのは、お腹一杯に食べられることでした。秋になると、開拓団の田は豊作で、大きい壺にコメが満杯となり、日本人は盆踊りをして楽しみました。秋の訪れとともに、周りの山の木が伐採され、まきが各世帯の家の前に小山のように積み上げられました。一冬まきを燃やし、オンドルを温め、何の心配もなく、初めての満洲の冬を一家無事に過ごすことができました。

写真 2-2　あてがわれた家の様子

1945年（昭和20）春に、村の青年たちに召集令状が届けられ、私の従兄も召集されて軍に入隊しました。入隊の日は賑やかでした。皆が日の丸の小旗を持ち、新兵に励ましの言葉をかけながら、村を送り出しました。

　従兄の入隊駐屯地は牡丹江でした。従兄は入隊した後も、手紙をこまめに私の母に届けていました。手紙には、部隊での生活や訓練などが書いてありました。母も従兄からの手紙を楽しみにしていました。

　しかし、手紙が届けられる日の間隔が次第に長くなり、手紙に墨で消された跡が見られるようになりました。しばらくすると、手紙は届かなくなりました。母は従兄のことを心配していました。最後には従兄の所在地も分からなくなりました。これらのことから、当時、母は戦局が悪化していると思ったそうです。

（2）敗戦前後

　私たちは、入植地で敗戦を迎えました。開拓団には何の情報もありませんでした。現地農民の様子が変わりつつありました。襲撃の前触れとも言える行動が見られました。例えば、夜中に現地の農民たちが慌ただしく動いていました。会議を開いているようにも思えました。また、以前は日本人のそばを通る時は声が小さかったのが、声を大にして話すようになっていました。開拓団の人たちも、これは何か起こる前触れと思い、対策をとりました。夜に主婦たちが交代で当番をするようになりました。

　ある日の夜、寝ていた私は、男たちの騒ぎ声に目が覚めました。周りは真っ暗で部屋に誰もいないことに気づきました。けれども、何が起こっているのか分かりません。私は怖くなり、まず家族を探そうと思いました。家の中の玄関に向かい、片方の足で仕切りをまたごうとした瞬間、私の足元に「ヒュー」と銃弾が飛んできました。私は驚いて、オンドルの部屋に戻りました。私はその時8歳

第2章　中国残留の生活体験　　33

です。どうしたらいいのか分からず、泣きそうになりました。その時、オンドルの対面にある小窓が開いていることに気づき、私はその窓から外に出ました。私はどっちに行けば家族に会えるだろうか、と迷っていたその時、父が私をつかまえてくれました。そして、近くに隠れている家族の下に連れて行ってくれました。私は家族の前で泣きました。

　私が一人で家にいた理由は、後で家族から聞きました。次のような理由です。開拓団の大人たちは夜も警戒中で寝られません。すると、村から離れた遠いところから、男たちの雄叫び声が聞こえてきました。これは開拓団を襲撃に来たということで、私の両親も子ども達を起こして逃げようとしましたが、私だけは熟睡をしていて目覚めませんでした。男たちは既に窓の外で家の中に突入するタイミングを窺っていたようです。カチン、カチンという凶器のような道具の音と、聞き慣れない言葉で騒いでいました。もう時間はないと思った両親は仕方なく、オンドルの対面にある小さい窓から外に出て近くに隠れました。とても危険でしたが、私を守るための行動でした。

　襲撃は次もありました。現地の男たちは前回と同じ勢いで村に突入してきました。今回は私は家族と逃げました。6人家族は自然と3組に分かれて逃げました。母は私を連れて、村を囲む塀の外に隠れました。父は5歳の妹信子を連れてどこかへ逃げました。11歳の姉は一番下の妹久子を背負って近所の人と山へ逃げました。その夜、現地の男たちは馬車をもって来ていました。一晩かけて、日本人の家の中の生活道具、食料、衣類、布団などを全部持っていきました。荷物を馬車に高く積み込み、掛け声をあげて運んで行く光景を、私と母は隠れた所から見ていました。

　夜が明け、村も静かになり、皆が村に戻りました。しかし、自分の家が空っぽになった様子に直面して、大人たちは言葉を失いました。母はこれからどう生きていけばよいのかと落胆しました。この

34

日から私たち日本人は現地で生きていけなくなりました。そこで、開拓団は日本へ引揚げることにしました。そして開拓団員の 15 世帯が縦一列に並んで、村をあとにしました。

写真 2-3　引揚げる様子

　途中、細い道の両側の雑草から突然凶器を持った男たちが列に割り込んで来ました。そして、無差別に暴力をふるい、一団はばらばらになりました。逃げ遅れた人は身体に傷を負いました。私の家族は自然と 3 手に分かれて逃げました。父は私の妹信子を連れて、姉は一番下の妹久子を背負って逃げました。母は妊娠中だったので、私を連れて遠くへは逃げられません。私は太い棒で頭を叩かれました。重い脳震盪のようでした。完全に意識を失いました。

　意識を失った後のことです。ここからは、後日、姉から聞いた話です。母はその時、大声で私に「秀子、しっかりしなさい」と叫びました。周りの人から私はもうだめだと言われていたようでしたが、母は諦めませんでした。

　逃げた人たちは徐々に開拓団のもとに戻ってきました。夜になり、気温が下がり、大分寒くなりました。誰かが周りにあった木の枝か何かを集め、たき火を燃やし、暖を取りながら、全員が集まる

第 2 章　中国残留の生活体験　　35

のを待っていました。しばらくたっても、団員の3名が戻ってき
ませんでした。そのうちの2名は、私の父と妹信子、そしてもう
一人は同じ村の年配の男性でした。

　どのぐらい山の中をさまよっていたのか分かりませんが、妹信子
は、泣きながら母のところに戻ってきました。父とはぐれたことが
分かりました。母は、「父さんは？」と聞いても答えません。ただ
ただ、泣いていました。

　何人かの男の人が山の方に探しに行ってくれました。そう遠くな
いところで、父と年配の男性が見つかりました。二人は大量の血を
流し、男性は既に亡くなっていました。しかし、父の心臓はわずか
に動いていました。けれども、この環境ではどうしても救うことは
できません。男の人たちは、仕方なく、浅い穴を掘り、二人を埋葬
しました。その時の父の髪の毛は、小さな白い紙に包まれ、母に手
渡されました。母はその後も、それからずっと後になっても、その
小包を細長い布に包んで腰に巻いていました。

　この場所で長く滞在するのは危険です。また何が起こるか分かり
ません。出発する時間が近づいています。この時私の母は人生で最
も重苦しく、大変辛い気持ちを抱えていたと思います。自分の夫は
亡くなり、別れもできず、目の前には意識不明になった私がいる。
まだ幼い子どもが3人もいて、自分は妊娠している、集団は間も
なく出発する、という状況。それでも、母には泣く暇もありません
でした。

　開拓団には老人や子ども、婦人ばかりで、病人もいました。団長
は一台馬車を雇って、全く歩けない人を馬車に載せました。私も馬
車に載せられました。そうして、何百人からなる集団が出発しまし
た。

　夜は野宿をしました。食べ物はありません。地方の役場から時々、
家畜のえさにする生の高粱、大豆、トウモロコシなどが配られます
が、人間には消化できません。下痢にあい、熱を出す病人が日に日

36

に増えました。開拓団は難民になりつつありました。倒れたら立ち上がれないという人が続出しました。

　吉林市を目指してゆっくり歩いている難民集団は、途中でまた襲撃に会いました。日本人女性の髪の毛の中に金が隠されているという噂が流れていたようで、現地の男たちは凶器をもって列に割り込んで来ました。皆がばらばらになって逃げ、騒がしくなった現場で馬車の馬が興奮して暴れ出し、病人は馬車から飛び降りました。私もこの時の衝撃が強かったからか、突然に意識が戻りました。そして、飛び降りました。重病人で、身体がパンパンに膨らんだ一人の年配の男性が、目の前で、走り出した馬車のタイヤにひかれて即死しました。

　私たちは何日歩いたでしょうか。村から吉林市まで250〜300kmはあると聞いています。老人や子どもたちは一日にどの位歩けたでしょうか。

　とにかく、やっとのことで、吉林市に辿り着きました。その夜は霜が降ったナス畑で過ごすことになりました。寒い中、空腹で夜明けまで過ごすのは大変ですが、日本へ帰るために我慢しました。その時、開拓団本部からソ連軍が近くでうろうろしているという情報が伝わってきました。女性に緊張が走りました。

　次の日、市の映画館に入ることになりました。皆一安心で胸をなで下ろしました。しかし、恐ろしいことが起こりました。ソ連軍が大きい軍用トラックを映画館の庭に停車しました。そして、映画館の庭にあったトイレに行く若い女性を無理やりトラックに載せ、たくさんの女性を拉致しました。その女性たちは、その後、誰一人戻ってきませんでした。

（3）収容所での生活

　吉林市で何日滞在したのか分かりません。ある日の午前だと思います。私たちの集団はソ連軍の汽車に乗れと本部から命じられまし

た。汽車は走り出して、2、3時間経ったと思います。撫順北駅という駅で降りて、長い鉄橋を渡って撫順の中心街に来ました。

　広い道路の片側に、外観の立派な、赤レンガでできた3階建てのビルがありました。このビルは元撫順市発電所日本人職員寮でした。私たちはここでしばらく滞在することになりました。このビルは難民収容所になっていましたが、建物の中は、現地の人たちに破壊されていました。床の板、窓、廊下の扉はありません。水道の水も出ませんでした。中国の東北地方は、11月頃になると、雪が降ってきます。夜は北風が、窓からビュービュー吹き込んで来ます。皆コンクリートの上で寝ます。毛布や布団もありません。幼い子どもは飢えと寒さに耐えられず、あっちこっちで泣き声があがりました。大人たちは日本に帰るため、力を振り絞り、生きようと苦しみに耐えて頑張っていました。あの収容所は人間が生きていけるような環境ではありません。

　ある日、本部から私たちは別のところに移動すると伝えられました。母は妊娠中でしたが、私たちを養うために、物乞いをしに外出していました。私たちがいた建物から家族単位で皆が出発していきます。その時、5歳の妹信子は重病でした。私たちは妹を囲むように、泣きながら母の帰りを待っていました。

　母は間もなくして帰ってきました。開拓団とはぐれないよう、母は急いで信子を母の背中にのせるように私の姉に言いました。そして姉が信子を抱き上げて、母の背中にのせたその瞬間、信子は小さな声でうなずいて、息を引き取りました。母はその後も信子を背負ったまま、私たちを連れ、移動を始めた開拓団を追いかけました。

　次の収容所は木造平屋の建物でした。この収容所は、7棟から8棟くらいからなる木造平屋でした。終戦まで日本人が住んでいたようです。ところが、その後、その土地の人たちに破壊され、無残な姿になっていました。この収容所は、道路沿いに位置して、外から

写真2-4 残された家族で開拓団を追いかける

私たちの暮らしぶりが丸見えでした。時々、中国人が立ち止まって中の様子を見ていました。

いつの間にか、中国の人が私たちの集団に近づいて来ました。日本語の出来る通訳を連れてくる人もいました。中国人は通訳を通して、母親たちに話しかけます。「私は子どもがいません。あなたの子どもを私に下さい」。

難民になってしまった母親は、自分のがりがりに痩せてしまった子どもをじっと見つめていました。毎日誰かの子どもが死んでいくような悲しいことが目の前で起こっています。「あなたの子どもがほしい」といわれたら、子どもをもつ母親なら許さないでしょう。しかし、自分はわが子を養うことはできません。母親はまた考え、最後には、子どもにこの世で生きていてほしい、生きていればいつか会える日が来るのではという希望を抱くようになりました。この人に預ければ、わが子は幸せになれるかと思いながら、相手を自分の目で慎重に見ます。そして断腸の思いで、自分の宝である子どもを中国人に手渡しました。私の母も妹久子（当時2歳半）を中国人に預けました。この妹は平成2年に残留孤児として、私と一緒に帰国しています。

当時、難民収容所は、幼い子どもほど育てにくい環境でした。しかし、大きくなった子どもでも、必ず生存できるという保証はありません。それは親が直面した現実でした。

（4）収容所を出て

　私の母は難民収容所から離れる決意をしました。団長にとめられましたが、母は団長の善意は頼りにならないと考えました。難民収容所を離れ、母は、当時8歳の私と11歳だった姉を連れて、日本人が営む漬物会社の家に向かいました。母がかつて物乞いをしていた時、漬物会社の社長の奥さんと接点があったのでしょう。そこが唯一の頼りでした。

　親子3人は住み込みで、母はお手伝いさんとして、雇ってもらうことになりました。これで親子3人は助かりました。感謝の気持ちをもって、母は毎日一生懸命に働きました。

　ところが、思いもしなかった事件が起こりました。ある日、台所の勝手ドアが開き、3人のソ連兵が大声を叫びながら、部屋に入ってきました。漬物屋さんの家族も私たちも素早く外へ逃げました。しかし、社長の娘さんは、重病を患って逃げることができませんでした。私は母からその娘さんは死んでしまったと聞きました。これがきっかけになって、私たち親子3人はその家から追い出されました。理由は、私の姉が戌年、社長の奥さんも娘さんも共に戌年。奥さんは「3人同じ干支の人が一つの屋根の下に一緒にいれば、誰かが死ぬ」という信条をもっていたからです。娘の死は私の姉のせいにされ、追い出されてしましました。せっかく助かって、一安心したところにこのような結果となり、母は大きな不安を抱え、私たちは行き場を失いました。

　その時はもう12月頃でした。日本ではお正月前です。気温は－30℃くらいまで下がります。一晩野宿をすれば凍死してしまいます。母は親子3人が生きていくために、苦渋の選択をしました。そ

して、妹久子を預けた養父、養母の家に向かいました。久子の養父母は私たちを見て、助けを求めに来たのだと理解してくれました。翌日には、その家からそう遠くないところの一軒小屋を貸してくれました。最低限の生活ができるようにしてくれました。母は間もなくお産をして、女の子を産みました。しかし、女の子を養うことはできません。親子3人が世話になっているところに、もう一人育てたいとはどうしても言えませんでした。仕方なく、生まれたばかりの赤ん坊を中国人に預けました。残念ながら、今でもこの妹はどこにいるのか分かりません。生きているのか死んでいるのかも分かりません。

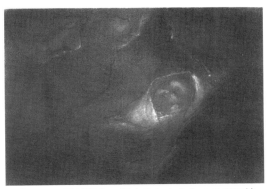

写真2-5　母が産み、行方のわからないままの妹

　その後、母は半年後に中国人男性と結婚しました。私の養父になったその人は、とても優しい人で、私たち姉妹を可愛がってくれました。ここでやっと落ち着いた生活ができるはずでしたが、国民党と共産党との戦いが3年間続き、中国では食糧難の日が続きました。飢えで死んだ人の死体があちこちで見られるようになりました。当時の経済は混乱し、札束を重ねないと物が買えないほどになっていました。養父は、撫順の炭鉱で働きましたが、給料は支払われない時もあり、厳しい生活が続きました。私と姉は撫順の炭鉱

第2章　中国残留の生活体験　　41

に入り、石炭をとり、汽車に乗って瀋陽まで売りに行く生活をしました。撫順の石炭は質がよいということで、買い手があったのです。何度も姉と一緒に瀋陽に出かけました。そこで得たお金は母に手渡し、母からまとまったお金をもらって、トウモロコシの粉をよく買いに行きました。

　1949年に新中国ができ、新しい政府の政治によって、私たちの生活はつなぐことができました。それまで私は何を食べていたのか覚えていません。ただ、口から吐き出したものが青かったことは記憶しています。1949年に共産党政権ができなければ、私たち一家はやっていけなかったと思います。それほどまでに暮らしが困窮していました。その年に私は12歳になっていました。12歳にして、やっと小学校に通うことができました。12歳にして1年生です。私はしっかりと勉強し、飛び級をしながら4年間で小学校を卒業して進学し、師範学校に進みました。姉はといえば、1949年にはすでに15歳になっていました。家庭が貧しかったこともあり、学校には通うことをあきらめ、しばらく働き、そして早い結婚をしました。

（5）当時を振り返って

　私は1990年（平成2）に永住帰国しました。中国にいた時は中学校の教員をしていましたが、帰国後は、私も夫もクリーニングをして働きました。夫は仕事中に十分な水分がとれず、脳梗塞になり、仕事ができなくなりました。私も2年半ほど働きましたが、生活保護を受けざるをえませんでした。一緒に帰国した三女は看護婦として働きました。その後に長女や次女を日本に呼び寄せました。子どもたちは、日本語の習得をよく頑張りました。今では日本語に不自由はありません。

　中国にいた時、私はずっと日本に帰りたいと思っていました。中国にいた時は、付桂芝という中国名を名乗っていました。けれど

も、「種子島秀子」という日本名を忘れないようにしていました。日本語は、家族の中でも話せませんでした。政治的に不安定な中国社会で生きていくためには、日本語はなかなか話せないのです。

1953年に、公安局から「日本人は小学校に集まれ」という知らせがありました。どれだけの人が集まったかは正確には分かりませんが、たくさんの人が小学校の体育館に集まりました。「日本に帰りたい者は名乗り出るように」ということでした。帰国の話を聞いて感極まって泣いた人もいました。しかし、帰国には条件がついていました。日本人だけが帰られるという条件です。私も母も日本に帰りたかったのですが、優しくしてくれた「命の恩人」である養父を置いていくことはできません。日本への帰国を断念しました。

その後、私は日本にはもう帰られないと思っていました。1961年に結婚しましたが、子どもを産んだ時、私が日本人であったことを忘れないようにと、次女の名前に「桜」の一字をつけました。といっても、周囲に日本人の子どもであることが分からないように工夫して「桜」の字をつけました。

1972年になると、田中角栄さんが日中友好を実現し、残留日本人が帰国できる可能性が出てきました。しかし、今回も条件がついていました。「日本での身元保証人が必要」という条件です。母の兄弟はすでに亡くなっており、今回の帰国も叶いませんでした。母は、1980年に「内地に帰りたい」と言いながら息を引き取りました。そして、その後を追いかけるように、養父も翌1981年に亡くなりました。

1990年になって、中国残留日本人の里帰りを支援するボランティア団体「春陽会」から手紙が届きました。「日本に帰りたいなら一時帰国の面倒を見ますよ」という内容でした。私は嬉しくて声をあげて泣きました。そして、私はようやく永住帰国ができるようになりました。

私たちが永住帰国ができると分かった時、夫はなかなか返事をし

ませんでした。最終的には、夫が「行く」といってくれたので、手続きをしましたが、夫が行かないといえば、あきらめるつもりでいました。日本に帰国して思うのは、夫にとって日本で暮らすことは大変なことでした。何より言葉が通じません。そのまま中国で住んでいれば、社会的にもいい立場だったのです。それでも、帰国後は、ボランティアが夫に色々と話しかけてくれました。ボランティアが私たち家族を温めてくれたと思っています。

　私の家族は、戦争前は8人いました。たった一年半の間に、1人は召集され、2人は死に、2人は中国人に預けられ、3人が生きて共に生活することができました。軍に召集された私の従弟はその後、シベリアに送られたことが分かりました。3年間シベリアで働いた後、日本に戻ることができました。私の帰国後、従弟と再会できましたが、お互いに話すことはできませんでした。あの頃の私は、ほとんど日本語が話せませんでした。ただただ、お互いに生きていたことを喜び合うだけでした。従弟の身にどんなことが起こったのかは分からないままです。母は「内地に帰りたい」と何度も口にしていましたが、その願いは叶いませんでした。姉も10年前に亡くなっています。今は、私と、妹久子だけが生きています。そして、もう一人の妹は今も生きているのかどうかも分かりません。

　私の人生は、戦争で大きく変えられてしましました。私の家族もそうです。今は幸せですが、戦争がなければ、私の人生は、もっと幸せだったかもしれません。少なくとも、私は12歳で小学校1年の教室に入るということはなかったでしょう。種子島秀子という名前を通すこともできたでしょう。私にとって、付桂芝という名前は、戦争のしるしだと思っています。戦争はいかなる理由があってもしてはいけません。だから、私は機会があれば、自分の体験をみなさんに伝えるようにしています。そして、日本と中国がいつまでも平和であることを願って、中国語教室を開き、みなさんに中国語を教えています。

コラム❶ 京都廟嶺開拓団の引揚げ体験

　種子島さんと同じ京都廟嶺開拓団にいた方に、相井道夫さんがいる[2]。相井さんは 1932 年生まれ、1944 年京都市梅屋国民学校を卒業。その後、一家は、1944 年 6 月に京都を出て、満洲に渡る。相井さん一家が日本に引揚げることができたのは、1946 年 6 月のことである。その間の体験は、著書『満洲開拓団　少年期の追憶』（文芸社、2009 年）にまとめられている。

　相井さん一家が満洲に渡るきっかけは、家族の暮らしを心配した、相井さんのお父さんの決断である。渡満前まで、軍需工場で働いていたお父さんは、召集令状が来れば、家族の生活が心配になると考えていた。その時に、「開拓団は徴兵が免除される」との情報を聞きつけ、渡満を決断した。相井さん本人も、食べ物に事欠く毎日であったため、食糧豊富な満洲へ行きたい、満蒙開拓青少年義勇軍に入りたいと思っていたという。結局、相井さんは義勇軍ではなく、開拓団として家族で渡満した。

　実際に満洲に渡ると、途中の図們で中国人の対日感情の悪いことを初めて知る。目的地近くの盤石駅に着いた時には、現地の風土を目の当たりにして、満洲に来たことを後悔する人が多く出たという。廟嶺の開拓地まではトラックで移動し、相井さん一家は、抽選の結果として割り当てられた住居に住んだ。満洲での生活が始まると、米のご飯がお腹一杯に食べられるようになり、相井さんはそのことに満足した。

　ソ連侵攻後は、昨日まで自宅によく遊びに来ていた中国人の子どもが来なくなるなど、現地の人々の様子が少しずつ変化した。また、知らない子どもが、鞭をもって家の中に入り、「日本人はこの家から出て行け」とわめくこともあった。以下は、相井さんたち廟嶺開拓団に 1945 年 8 月以降続いた出来事である。

・8 月 19 日頃、廟嶺開拓団本部が火事になり現地住民に襲撃・掠奪される
・8 月 20 日頃、陽樹村新立屯などに住む人が裸で逃げてくる

・8月22日頃、逃避行が始まる

・8月23日頃、避難先が盤石（抗日遊撃隊の拠点がある）から吉林へ変更

・8月24日頃、避難道中で現地人の掠奪・襲撃を受ける

・8月25日頃、避難道中で追いはぎにあう

・8月26日頃、疲労困憊の中、それでも行進は続く

・8月27日頃の昼頃、ソ連兵が軍用トラックで女性を拉致する

・8月27日の夜、吉林のグラウンドで野宿する

・8月27日頃の深夜、ソ連兵が開拓団女性に暴行する

・8月28日以降、臨時に提供された映画館で、半月ほど生活する

・9月以降、赤レンガの旧撫順工業学校に入り、ソ連に搬送するための火力発電所設備の取り壊しを行う。また、旧撫順工業学校で発疹チフスが流行り、遺体の山を目にする

・1946年1月下旬ごろ、撫順炭鉱で働いていた父が病気で倒れる

・1月以降、石炭拾いと露天掘りで無煙炭を集めて収入を得る

・1月以降、アメリカの難民状況調査団が2月ごろ工業学校に視察に来る

・5月18日、撫順を出発し、葫蘆島から「白龍丸」に乗船し、帰国の途に就く

　ところで、相井さんの著書の最後に、満洲に渡っていった家族の名前が挙げられている。その一つに「種子島さん」がある。著書には、種子島さんは陽樹村新立屯に住み、「昭和19年9月入植」とある。相井さんは昭和19年6月から1カ月間、保安屯に住み、その後7月から翌年8月まで公老頭に住んだ（次頁図参照）。種子島さんは、開拓団生活当時の相井さんを覚えていなかったが、種子島さんが日本に帰国してから、相井さんと京都で出会う機会があり、相井さんがいたことを知ったという。当時、相井さんと種子島さんは、同じ小学校（廟嶺国民学校）に通っているが、種子島さんには学校生活の記憶はほとんどなく、登下校中、足の速い上級生に一生懸命ついて行った記憶があるという。相井さんは当時13歳だったので、ある程度の記憶は残っている。相井さんによると、国民学校には、年齢50代ぐらいの教員と20代ぐらい教員がいて、教室

は二教室あって、同じ一つの教室に、小さい子から大きい子まで15、6人が一緒に入っていたという。「学ぶというよりか、複式学級やから、ごちゃごちゃっと入って、時間つぶししてたみたいな感じ」であった。教科書は日本から持っていったが、勉強らしい勉強をした記憶はなく、午前中の「授業」が終われば、家に帰って過ごしていた。午後は家で昼食をとり、川に行っては魚を釣り、家に持って帰って食べていたという。

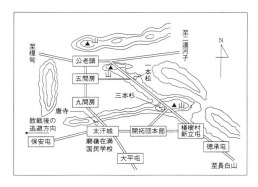

図　京都廟嶺開拓団の集落配置図
注）相井（2009: 18）より転載

　相井さんは、引揚げ後、苦学して大学に入り、卒業後は、高等学校の数学科教員になった。相井さんは、高校教員時代に引揚げ体験を生徒に話すことはなかった（そのような機会もなかった）という。著書を書くきっかけは、どこかで廟嶺開拓団の話を聞いたか、書いたものを目にしたかで、その内容に不満をもち、「自分が書いた方がまし」、「僕の方がよく知っている」と思い、書き始めたという。著書の中の挿絵（例えば、収容所前にうず高く積み上げられ、硬直した遺体の山など）は、相井さんが描かれたものだが、種子島さんは、相井さんの著書を見て、挿絵のような光景を目にしたと自身の体験と重ね合わせながら話している。
　種子島さんと相井さん一家を比べると、廟嶺を出た後の逃避行では、吉林に向かい、撫順に辿り着くまでは同じである。しかし、種子島さん一家は、途中でお父さんが亡くなられる。他方、相井さんのお父さんは、一度大変な病気になりながらも、生き延びることができた。当時、相井さんは、お母さんから「も

図　難民収容所（旧撫順工業高校）の校庭にうず高く積み上げられた遺体

注）相井（2009: 112）より転載

し、お父さんこのままだめになったら、妹たちを中国人に預けなければ仕方がない」と言われていたという。その意味では、誰しもが家族離散と背中合わせであったといえる。残留と引揚げ。生と死。死別と離散。両者は、敗戦前後の満洲にあって表裏一体であったことが窺える。

　ところで、相井さんによると、引揚げの途中、種子島さんのお父さんが亡くなられたことについては、知らない（あるいは、覚えていない）様子であった。相井さんは種子島さんのことは知っているが、家はお互いに遠く、交遊があったわけではなかった。同じ開拓団の引揚げといっても、家族の中でかばい合い、助け合いながら、大集団で移動しているので、気付かなかったのではなないかと思われる。というのも廟嶺開拓団は、引揚げの際、西土佐村の開拓団（江川崎大清溝開拓団）と一緒に引揚げているからである。西土佐村満州分村史編纂委員会『さいはてのいばら道　西土佐村満州開拓団の記録』（西土佐村、1986 年）によると、廟嶺開拓団は 497 名が在籍する団で、廟嶺を脱出する時には、「廟嶺、大清溝両開拓団、満州鉱山を始めとする民間団体、一般邦人合計 1,600 余名が、負傷者は担架に乗せ、幼児や病人は背負い、苦難の行程につい」（140 頁）ていたと記されている。また、相井さんは、引揚げる途中、何度も現地の人の襲撃に合い、その都度、みんながばらばらになっていったことを話している。

2. 中国残留体験Ⅱ——猿田勝久さんの場合

　猿田さんは、1943年（昭和18）に神奈川県川崎市で生まれる。1945年4月の川崎空襲により家が焼けてしまう。両親は満洲に行けば何とかなると考え、6月に、父、母、猿田さん本人、妹、祖母の家族5人で満洲に渡る。その後、満洲に渡った猿田さん以外の家族は全員が次々に亡くなり、中国で養父に育てられる。1985年に永住帰国し、現在は神奈川県に住んでいる[3]。

（1）満洲に渡る

　1945年4月、私が生まれた川崎は空襲にあい、家は焼かれてしまいました。当時は国からの呼びかけもあり、満洲に行けば何とかなると考え、父、母、私、妹、祖母の家族5人で満洲に渡りました。新潟港から出た船は3隻でしたが、うち2隻は爆撃を受け、日本海に沈みました。私たちは残りの1隻に乗っていたので、なんとか中国に辿り着くことができました。その後、チチハルに着きましたが、間もなくして、現地の若者に荷物を奪われました。開拓団として、当初の目的地に行くことはできなくなり、一緒に行動した開拓団は、家族ごとにばらばらになりました。

　田舎の方が安全だと判断し、住むところを探したところ、李さんの家を紹介されました。李さんは、自宅の台所の裏にあるオンドルを貸してくれました。私たちはそこで生活を始めました。もちろん、寝室なんてありません。布団も何もありません。湿気の多いところでした。お金もないので、父も母も地主の農業を手伝いました。食べていくだけで精一杯の生活です。8月になって敗戦を知ったのですが、私たちは日本に帰りたくても、帰れない状態でした。

　翌1946年の3月に、祖母が亡くなりました。精神的な負担や、食べ物や環境の変化が原因だと思います。そして、5月には父も亡

写真 2-6 敗戦前に住んでいた場所

くなりました。腸チフスにかかったのです。昔の中国では、腸チフス感染が多ったのですが、医者もいない、薬屋もない状況では、重くなったら死ぬしかありませんでした。

その後、母は再婚を迫られました。反社会的な人が、母に嫁になってもらいたいというのです。母は嫌でした。しかし、私は当時2歳、その下に妹ができたばかりで、母は仕事もできません。もう生きていけないと切羽つまった状態になりました。そして、母は私たち子どもを連れて、漱江という川で無理心中を図りました。けれども、近所の人に助けられました。その後、母は地主の人に紹介された男性と結婚することになりました。それが私の養父です。

(2) 母も亡くなって

養父には自分の子どもがいました。私より五つ年上です。前の奥さんとは死に別れました。それで、養父、私の母、五つ上の義兄、自分、妹の5人家族になりました。2年後には、養父と母との間に男の子が生まれました。その子は私の弟で、今は70歳になっています。

ところが、1949年の夏ごろに、私の妹が食中毒で亡くなりまし

た。その後に、母は結核にかかりました。当時の生活では、ペニシリンを買うことはとても難しかったのです。養父はもっていた馬2頭のうち、1頭を売りましたが、それでも足りませんでした。田舎で暮らしていて、薬を買うことは大変なことでした。そのうちに、病気がだんだん進み、最後の方になると、母の歯が全部なくなりました。病気による苦しさがひどく、母は自分から、灯油を飲んだこともありました。私はそれを目の当たりにしました。母は死ぬ間際に、私のことを心配し、我々が日本人であることや、日本にいる親戚のことを話してくれました。母が死んだら、親戚に連絡するように手をうってくれました。しかし、日本からの連絡はありませんでした。

　母が亡くなってから、何カ月経ったのでしょうか。当時、義兄は12歳で、私は8歳でした。ご飯はつくるのは私で、義兄は何もしません。母と養父との間に、もう一人の子ども（妹）が生まれていましたが、私には、妹の看護までできませんでした。結局、妹は亡くなってしまいました。

（3）中国での学校生活

　養父は田舎で馬車を引くリーダーをしていました。毎日、深夜12時ぐらいに出かけます。私は、養父のごはんを作っていました。その後に自分は寝ました。朝になったら、自分の食事をつくらなければいけません。ご飯をつくって、寝て、またつくって、そして、学校に行かなければなりません。私はまだ8歳でしたが、そんな生活をしていました。私が住んでいた村には、小学校4年生までの学校しかありません。小学校5年生になると、他の村まで出かけなければなりませんでした。5年生からは、片道4kmを歩いて通いました。

　小学校に通っている時、よく「小日本鬼子」と言われ、バカにされました。その時、日本人は私一人しかいませんでした。言われた

第2章　中国残留の生活体験　　51

ら、つらいので、「私は何もしていないのに、なぜそんなことを言うのか、私は悪いことはやっていない」とよく言い返しました。中学校には３年間通いました。その中学校でも、「小日本鬼子」と言われました。中学校でも、私一人しか日本人はいませんので、辛い思いをしました。私はずっと同じ村に住んでいましたから、どうしても同級生に言われてしまうのです。

　私が通った中学校は、村から10km ほど離れたところにあり、町の中にありました。町の学校には、公社勤めの子どもが通っていました。生活水準が全く違っていました。田舎では収穫の時だけ収入がありますが、町に住む人は月給があります。養父の収入は町の人と比べると全然違いました。田舎の子どもは農業の仕事を手伝わなければなりませんでした。私も義兄も手伝いました。

　中学校卒業前に、進学を考えましたが、お金がないので断念しました。卒業後は、獣医の先生のところに通い、２年間弟子入りしました。そして、獣医の専門学校に入りました。学校のアルバイトで稼いだり、農業の手伝いをしたりして学費を工面しました。専門学校には、私の昔の同級生はいませんでしたので、小日本鬼子とは言われませんでした。専門学校では、寮生活をして勉強を頑張りました。専門学校の同級生の中には、地方の局長になった人もいました。

（4）中国での暮らしと帰国への思い

　中国では、1958 年の大躍進に始まり、59 年、60 年の暮らしが一番ひどかったです。食べ物がありません。着る物も足りません。すべてが配給でしたが、本当に足りない。食べ物がない時分は、トウモロコシの芯も食べました。臼でひいて食べます。そうしないとお腹いっぱいになれませんでした。

　1962 年、私が20 歳の時に結婚しました。生活は、まだまだ苦しい時代でした。最初は養父と一緒に住んでいました。長男が生まれ

てから、自分の家を建てました。手造りの家で、泥で壁をつくります。今は泥の壁の家はありませんが、今もこの家は中国に残っています。当時、私は牛を飼っていました。牛1頭は、家1軒の価値がありました。乳搾りで生活ができたので、村の中では上の方の生活レベルだったといえます。

写真 2-7　猿田さんの建てた家

　文化大革命の時は、獣医をやることもできませんでした。文革では、私は仕事を追われました。上司のアドバイスで、退職届を書いた方がよいといわれました。もちろん、私だけではなくて、他の人も追われました。私は日本人だから最初に追われました。その後は、「偉い人」も追放されていきました。ただ、私のことは幼い頃から、みんなに知られていましたから、文革で私が批判されることはありませんでした。ただ、その頃に日本人の親が生きていたら、色々あったと思います。

　文革中でしたが、日中国交回復のニュースを聞いて、帰国への気持ちが高まりました。けれども、肉親探しはできませんでした。肉親探しのできる人は、ほとんどが町の中の人です。町であれば、情報が入るのは早いですし、当時の中国は、「偉い人」との付き合いがないと、なかなか申請ができない状況でした。だから、私は考え

第2章　中国残留の生活体験　　53

て、少数民族の奥さんになっていた残留婦人の方に頼み、長野県の長岳寺住職である山本慈照先生に手紙を書きました。私が書いた手紙は、長岳寺で保管されていました。手紙の差出人は、王維発となっています。これは当時の私の名前です。

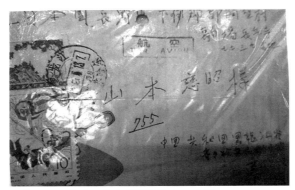

写真 2-8　当時の山本慈照先生宛の手紙

　山本慈照先生は、私の手紙を、厚生労働省に出しました。厚生労働省はその後、全国に残留邦人の情報を知らせました。当時埼玉県春日部市に住んでいた母の妹が、私の母の名前を見つけました。その後、手紙のやりとりをする中で、母の妹弟とつながりました。母は死ぬ前に、弟に手紙を書いていたのです。だから私のことを知っていました。母の弟が父の兄弟にも連絡しました。私と父親の顔が似ていることが分かり、私が母の子どもであることが確認されました。

（5）永住帰国後の暮らし

　1981年、一時帰国をして、36年ぶりに親戚と会えました。母の弟が私の身元保証人になってくれて、永住帰国の手続きを進めてくれました。その矢先のことです。妻が帰国に反対をしました。その後3年かけて、妻を説得しました。そして、1985年に日本に永住

帰国しました。生まれたところにやっと戻れた、嬉しい、という気持ちでした。

　ただ、私の戸籍は除籍されていたので、取り戻すのが大変でした。それ以上に悲しい思いをしました。私は生きているのにもかかわらず、私の戸籍がなかったからです。加えて、帰国後の生活は苦しくなっていきました。日本の生活習慣と日本語の壁。これをどのように乗り越えるかが問題でした。

写真2-9　成田空港での親戚との再会

　私は帰国後の翌日には、仕事を始めました。誰にも迷惑をかけたくなかったからです。その頃、日本語は分かりませんでした。普通なら、埼玉県の所沢センターで日本語を勉強します。その時分、県から派遣された方から「所沢にいったらみんなが中国語を話していて、日本語の勉強にならない。就職すれば、だんだん日本語が身に付くから」といわれて、仕事を始めることにしました。実際のところ、仕事をしながら日本語はなかなか覚えられませんでした。また、その時にしていた仕事は、油を使う仕事だったので、私の肌は荒れてしまいました。その工場に4年間勤めましたが、高速道路の料金所に転職することにしました。料金所で2年間、仕事をしましたが、仕事はきびしく、同僚ともうまくいきませんでした。最終的

第2章　中国残留の生活体験　　55

には、新宿の小田急百貨店の中で仕事をしました。仕事を始めた頃は全くの素人で、ゼロからのスタートでした。最初は苦しかったのですが、一生懸命にやり続け、定年まで勤めました。58歳の時に、国家試験2種をとりました。定年前の62歳の時に、ボイラーの免許も取りました。学校には通わず、全部自力で勉強しました。往復4時間の通勤電車の中で勉強しました。その時に使っていた辞書は今もあります。そうやって必死に日本語を覚え、仕事をしてきましたが、同時期に、家族も大変な思いをしていました。

写真 2-10　猿田さんが使っていた辞書

　まず妻は、知り合いも誰もいない日本の暮らしに慣れず、毎日泣いてばかりの生活でした。長女は日本に帰国した時は、20歳。夜間学校に通い、看護婦を目指しましたが、家族の中で最も早くに、うつになりました。長男は帰国した時は16歳。中学1年の教室に編入しましたが、「中国人」といわれ、学校になじめず、結局、中学2年で学校をやめました。その後は、アルバイトをし、転職を重ねました。次男、三男は帰国した時はそれぞれ12歳、9歳です。二人とも小学3年の教室に入り、半年後には学校にも慣れ、最終的には高校を卒業し、就職することができました。

私と妻と長女と長男は、日本で暮らしながら、うつになりました。うつになると、物音に敏感になり、不安になったり臆病になったりします。日本で暮らしてから、家族の多くがうつになりました。私の場合、日本語の壁が高くて、仕事をしても叱られてばかりで、精神的な負担が大きかったことが原因だと思います。うつのために、2カ月間、仕事を休んだこともありますが、私が働かないと食べていけないので、仕事を再開し、一生懸命に日本語を覚えてきました。それでもうつは、3回発症しました。

　私は今、仕事をやめて日本語ボランティアによる日本語教室に通っています。毎日いろいろな地区の日本語教室に通い、仲間と日本語を話しています。今はうつもなくなりました。自分の体験を若い人に伝えていこうと、デジタル・ストーリー・テリングという手法を教えてもらい、戦争の恐ろしさをみなさんに伝える活動をしています。

コラム❷　山本慈照の体験と功績

　猿田勝彦さんの生活体験に出てくる山本慈照は、「中国残留孤児の父」とも呼ばれている。ここでは慈照の生い立ちや満洲での体験を紹介する。

　慈照は現在の長野県飯田市で育ち、早くに父を亡くし、母と別れ、祖父母とともに暮らした。祖母の勧めにより、瑠璃寺に入り、そして善光寺でも修業し、比叡山中学に入学する。中学校卒業後は、進学資金を得るために岐阜県の小学校で代用教員として勤め、その後は比叡山学院で学んだ。

　学院卒業前に、当時の仏教界の腐敗に対して「仏教改革」運動を展開し、同志と抗議集会を開くなどするが、間もなく弾圧を受け、ハワイに渡る。その後アメリカ本国では「排日法」ができ、慈照はハワイを離れ、1937年には故郷の長野県に帰り、長岳寺に落ち着く。

　長岳寺は貧しい寺であったため、慈照は現在の阿智第三小学校に勤めた。慈照のいる村は近隣の村とともに、阿智郷開拓団を結成し、大勢の団員を送る計画を立てた。ある日、村長に、村人が満洲に渡るうえで、学校で子どもに教える教師がいないから、一緒に渡ってもらえないかと頼まれる。当時、慈照の家庭には、4歳の啓江と1歳の澄江という二人の子どもがいた。幼児を連れての渡満に不安を抱くが、1年間限りの勤めであることと、看護婦も渡満することの約束を得て、1945年5月1日、阿智郷開拓団215名の一員として、妻と二人の子どもとともに、故郷を離れ、満洲に渡る。

　阿智郷開拓団が着いたのは、北満の地、ソ連国境に近い宝清県北哈嗎である。役所のある宝清まで120kmの場所にあり、現地に着いてから、本部や学校などの建物は、数カ月前に野火で全焼してしまったことを知らされる。

　1945年8月9日、ソ連軍が攻めてくる知らせを聞き、家族や教え子を引き連れて逃げ、途中、佐渡開拓団跡地に立ち寄っている。同跡地では、北信濃出身の高社郷の人たちが集団自決をする様子を目にするが、阿智郷開拓団としては、何としても生きよう、そして故郷に帰ろうと決断する。阿智郷開拓団は、夜中に佐渡開拓団跡地を脱出し、途中、同跡地がソ連軍の攻撃を受

けているのを目にしながら、およそ1週間後に勃利の収容所に入る。間もなくして、ソ連軍の命令により、慈照はシベリアに送られ、1年7カ月後に解放される。

慈照は1947年に帰国し、母から、妻も子どもも亡くなったことを聞かされる。母や団長から聞いた話では、阿智郷開拓団員250人のうち、故郷に帰りついたのは40人足らずで、小学校の子どもたちは6人に過ぎなかったという。慈照は、その後、開拓団のたどった運命について記録することに専念し、「阿智村・満洲死没者名簿」をまとめる。そして、せめて満洲の地で亡くなった人の遺骨を拾って、慰霊をしたいという気持ちから、日中友好協会の長野県支部に手紙を書く。その返信を通して、天龍村の平岡ダムで強制的に連れてこられた中国人犠牲者の存在を知り、まずやるべきことは平岡ダム建設の犠牲者の調査と慰霊であると思いなおす。この活動を通して、慈照たちは、阿智郷開拓団が長野県を出発する前の1944年からアメリカ軍捕虜500人余りと中国人労働者880人以上が働かされ、62人の死者と行方不明者を出していることを知る。

1965年、韓玉芹という名の日本人孤児からの手紙を受け取り、中国には肉親を想う子どもがたくさんいるに違いないと確信する。報道関係者の協力を得、1970年にはNHK国際放送で、慈照たちが孤児に向けた支援をしていることを日本語と中国語の両方で流した。その後、中国にいる孤児から40通の手紙が届き、日本国内からも、心当たりのある人から85通の手紙が届いた。

数年後、阿智郷開拓団にいた老人から、慈照たちに伝えなければ、死んでも死にきれないという内容の告白を聞く。実は、阿智郷開拓団にいた子どもたちは、全員死んだわけではなく、中国人の家庭に預けたこと、自分たちだけが引揚げてきてしまったことの後ろめたさで作り話をしたこと、慈照の妻は4歳の啓江とともに、1歳の澄江を背負い、杖にすがりながらぼろぼろの姿で鉄道線路に沿って歩き、力尽きて亡くなったこと、そして間もなく澄江も亡くなり、啓江は中国人に引き取られたらしいことが分かる。

1972年、日中国交が回復すると、翌年の3月に、慈照を会長とする「日中

友好手をつなぐ会」を結成する。以後、1980年までに、慈照を中心とする活動を通して、177組の肉親との再会が実現した。慈照が自身の子どもと再会できたのは、1982年のことである。そして、慈照は1990年、88歳でこの世を去っている。

　以上の話は、子どもでも読めるように、和田登（作）・和田春奈（絵）『望郷の鐘――中国残留孤児の父・山本慈照』（しなのき書房、2013年）という本で紹介されている。ぜひ子どもの手に取らせたい。

　　　長岳寺山門　　　　　　　　　山本慈照銅像

第3章

サハリン残留の生活体験

本章では、サハリン残留日本人と言われる人が、どのような体験をしてきたのかについて取り上げる。なお、ここに記した体験は、本人に、インタビュー調査をしたものを基にし、筆者がまとめなおしたものである。

1. サハリン残留体験 I ——戸倉冨美さんの場合

戸倉さんは、1925年（大正14）に樺太の須恵取で生まれる。小学校卒業後は、電話交換手の仕事をして、その後、真岡（現：ホルムスク）の看護婦養成所に入り、病院で勤務するようになる。戦後は、工場で知り合った朝鮮人との結婚を決める、父の反対にあい、両親はその後に帰国する。自分も帰国したいと思ったが、朝鮮人の夫とともに帰国することはできず、サハリンに残らざるをえなかった。1998年に永住帰国の準備をするも、家族の事情で断念する。2009年に（当時84歳）永住帰国を果たし、現在は北海道に住んでいる [4]。

（1）樺太での学校生活
私の父は、樺太のテンナイ炭鉱で働いていたため、私は炭鉱近くの小学校に通いました。先生は一人しかいなくて、一つの教室で1年生から6年生までの子どもを教えていました。先生が1年生を

61

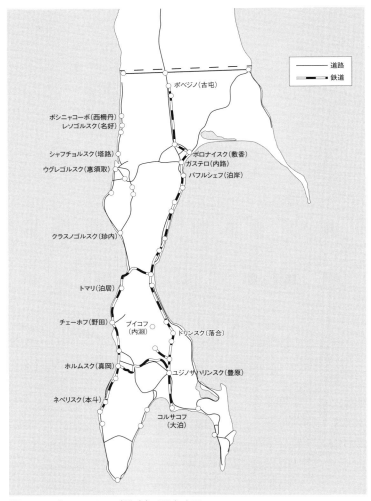

図 3-1　南サハリン（樺太）関連略図

見た後、2年生、3年生と見て行きます。どの学年の子も、先生が来るまで待っていなければいけません。その先生が、2年生の中頃に突然亡くなり、後任の先生もいなかったので、6年生が教えてい

ました。読み書きはできるようになりましたが、満足に勉強を教えてもらえず、算数がよく分からないままでした。

　3年生から、野田（現：チェーホフ）の小学校に転校しました。炭鉱が廃坑になることが分かっていたので、廃坑前に、母方の祖父の住んでいた野田に移ったのです。前の小学校では十分に勉強ができず、そろばんも見ていませんでしたから、転校先の学校では、算数で苦労しました。

　野田の小学校では一クラス50人ぐらいがいました。一クラスに全員が入らないぐらいで、戸をあけるとすぐ机があるような状態でした。先生は「生徒が多い」とか「勉強ができない子はできないままだ」などと言い、大変そうでした。同級生は学年が上がるにつれて学校をやめていきました。最後には30人ぐらいになりました。同級生の数が少なくなってきた頃、勉強ができるようになりました。その学校には、朝鮮人は一人もいませんでした。炭鉱のまちとは違って、野田のまちには朝鮮人はほとんど住んでいませんでした。前の学校だと、朝鮮の子どもは、3分の1ぐらいいました。それでも、朝鮮人の生活は大変そうでしたから、学校をやめていく人もたくさんいました。

　学校を出てから、最初は、電話交換手の仕事をしました。夕方の5時から働いて、翌朝まで働きました。そんな仕事だったので始めは居眠りをしてしまいました。すると真岡の通信所から「野田さん」という声がします。「はい」と言うと、「眠いんでしょう」というわけです。「はい」と答えると、「まだ入ったばかりだから眠いんでしょう。歌ってあげるからね。ねるんじゃないよ」といって、当時の流行歌を歌ってくれました。その人は、のちに真岡で自決した9人の乙女のうちの一人（一番年上の方）でした。

　10カ月ぐらい交換手の仕事を勤めて、その後、看護婦になりたいと病院の見習いに行きました。そこでの仕事も大変で、患者さんの盲腸の手術を見て倒れ、先生に叱られたこともありました。その

第3章　サハリン残留の生活体験　　63

後、看護婦の免状をとるために、真岡にある看護学校に通うことにしました。看護学校では、竹やり訓練、防空壕ほり、夜は非常訓練をさせられ、体力的につらいものがありました。食べる物も少なく、小さいご飯茶碗の中にさじ1杯のお米と、大豆まめ。おかずは塩水にとろろ昆布、といった食事でした。

写真3-1　看護学校時代の戸倉さん（後方右から2番目）

(2) 敗戦前後

看護婦をしていた時に父から「日本はもうすぐ負ける。覚悟を決めていなければいけない」という手紙をもらいました。そのような手紙を他の人にみせるわけにはいきません。けれども、日本の敗戦が現実になりました。ある日、上の人から次のように言われました。日本に帰るなら船に乗れる、8月18日に最後の鉄道が走るので、日本に帰りたいと思う人は名前を書きなさい、あるいはまた、自分の家に帰りたい人は家に帰りなさい、と。私は迷いました。日本に帰るべきか、実家に戻るべきか。日本に帰るといっても、日本は負けて苦労しているだろう。樺太にいてもソ連が入ってくるだろう。どうせ苦労して死ぬなら親と死のうと思い、結局は実家に戻る

ことにしました。後日、分かったことですが、船に乗って日本に帰った人は、無事に北海道に着いたようです。

　実家に帰ってきて、2カ月が過ぎた時のことです。野田の実家にソ連兵5人が、銃をもち、靴をはいたまま入ってきました。夕方6時ごろでした。私たちはロシア語が分かりません。「ドケ、ドケ」と言います。しばらくして、どけろ、と言っていることが分かり、家族はそのようにしました。すると、押し入れを全部空けて、2階にも上がりました。私の家には行李がありました。行李には、何かあった時にいつでも運べるよう、着物などの大切な荷物を入れていました。その行李はソ連兵に持って行かれました。

　私はソ連兵が家に入って来た瞬間、髪の毛をほどいて、髪を顔の前に下げました。そして、父の丹前（着物）を着て、黙って、隅の方に座っていました。ただ、ただ、恐ろしいと思っていました。以前に、周りの家にソ連兵が入ってきたと言う話を聞いていたので、私の家にも必ず来ると思っていました。ソ連兵は、私の姿を見て、変なおばあさんだと思ったのかもしれません。私は助かりました。ソ連兵は、弟、妹にも手を出さず、父や母にも何もせずに、行李だけをもって出て行きました。これが、初めて見るソ連兵でした。

　後で、ロシア語の分かるおじさんに、行李の中に、大事な荷物が入っているので何とかしてほしいと頼みました。そのおじさんは、あちこちに行って話をしてくれました。最終的には荷物を取り返すことができました。

　戦後は配給がありませんでした。戦争中まで、父は消防をしていましたが、戦後は、消防はソ連がするからとやめさせられ、製紙工場で働き始めました。そこでは配給があり、一日800gぐらいの黒パンがもらえました。それを家族6人で分けて食べました。お金は一銭ももらえません。本当に食べ物に困りました。私は、翌年1月に、魚の塩漬け工場に連れていかれ、働かされました。

　その工場で一緒に働いていた友だちが大変でした。その友だちの

お父さんは年寄りで仕事もできない、お兄さんは病気、他にも弟や妹がいる大家族。食べるものがない。工場ではその友達が食べ物の話をするのです。私の家では母が何とかして食べ物を工面し、食べる物にありつけましたが、その子は「塩昆布を食べて、汁を飲んできた」と話していました。そして、働いている時に倒れました。倒れても病院には連れていってくれません。倒れたら死ねといわれるところです。お産をした人が血だらけになったこともありました。それでも病院に行かせてくれない。そんなところで３年間、何ももらえず、無給で働かされました。

（3）結婚と両親との別れ

　夫とはその工場で出会いました。夫は、もともとは小樽のガラス工場で働いていました。13歳の時に朝鮮半島北部から募集で来ていました。敗戦後に、ガラスの原料がなくなり、雇い主から、好きなところに行けと言われました。どこに行くべきか途方にくれていたところ、故郷に帰ろうと考えました。当時、北朝鮮から樺太に５年計画で仕事にきていた人たちがいました。その人たちと合流して、一緒に北朝鮮に帰ろうとしました。北朝鮮に帰れるように籍をつくってほしいと頼んだそうですが、認められませんでした。それでも、合流していれば、何とかなるだろうと思って一緒に樺太に渡ってきました。そして、私と同じ工場で勤めることになり、私たちは知り合いました。

　父には結婚を反対されました。「朝鮮人と一緒になって何がいいことあるんだ。お前みたいなものは昔だったら一刀両断にするんだ。でも、そういうわけもいかないから好きなようにせい」。私は、黙って聞いていました。最後には「私はこの人と一緒になると決めたから、一緒になります」といいました。両親はその後、日本に帰りました。私も帰ることはできますが、夫は朝鮮人なので帰ることができません。私は残ることにしました。それから、私は黄富美

66

(ファン・トミ)として生きました。

　私たちが結婚してから、しばらくして、夫が仕事中に足を怪我しました。地元の病院では、まともに見てもらえません。豊原(現：ユジノサハリンスク)に行けば、何とかなると思いましたが、豊原の病院でも、これは生まれつきだなどと言って、しっかりと見てもらえません。私は、看護婦としての知識をもって、自分で夫の足を見て診断し、夫が入院できるよう迫りました。日本語ができる人に通訳を頼み、何とか入院はできるようになったのですが、時すでに遅く、足を切断しなければいけないことが分かりました。夫は切断を嫌がりましたが、切断しないと死ぬことは免れません。夫は当時まだ26歳で、夫の気持ちも分かりました。けれども、すでに子どもがいましたので、嫌がる夫に「あなたは自分の子どもを、親なし子にするのですか」と言って説得しました。夫はその後、足を切断しました。私は私で、暮らしはどうなるのかと心配しましたが、夫は手が器用でしたので、しばらくして洋服の仕立て屋になりました。

　夫が仕立て屋になるまで、私は苦労して働きました。私が日本時

写真3-2　夫が仕立て屋をしていた当時に住んでいた家(左)と畑(右側)

第3章　サハリン残留の生活体験　　67

代に看護婦をしていたこともあって、いろんな人の病気や怪我を見てきました。亡くなった人の処置もしました。私から何か欲しいと言ったことはありませんが、お礼の代わりに、ある人はお金を握らせ、ある人は食べ物を手渡しました。たくさんの人の頼みごとを聞いてきたので、朝鮮の人の中で、私のことを悪く言う人は、ほとんどいませんでした。北朝鮮から来た人も悪く言いません。北朝鮮からきた学校の校長先生や、裁判長の奥さんの面倒も見たことがあります。ある時、ある朝鮮人に「日本人はいい人間じゃない。いじめられたことがある」と言われたことがあります。私はすかさず、「私があなたをいじめたのですか。私はそんなことはしません。私の親もしません。私に言わないで、あなたをいじめた人に言いに行きなさい」と言い返しました。朝鮮人の中には「サムライ」という言葉が悪い言葉だと思っている人がいます。サムライは、悪い言葉ではないといっても、「えい、サムライ」という。「サムライは人を殺す、お前もサムライだ」と言われたこともあります。「私は人を殺さないよ、私は人を生かしてきたんだよ」と言ったら相手は黙っていました。

　私は、周りの朝鮮人から、それほどいじめられませんでした。ただ、日本人の中には相当いじめられた人もいます。私は真岡にいましたが、真岡にたくさんの朝鮮人がいるとは思っていませんでした。樺太各地にいた朝鮮人が、真岡にいけば疎開できると思って、真岡に集まって来たようです。それで真岡にたくさんの朝鮮人がいました。私たちはその真岡で暮らしていました。

　私の夫は朝鮮人でしたが、朝鮮語は話しませんでした。日本語だけを話しました。朝鮮語は聞いて分かるようでしたが、あまりうまく話せず、家庭でもずっと日本語で話しました。だから私は朝鮮語があまりできません。ロシア語もあまりできません。ただ、生活をしていく中で、朝鮮語もロシア語も読むことはできるようになりました。夫との間には、二人の子どもがいました。上の娘は朝鮮学校

68

写真3-3 当時得た看護婦の免状（これさえあれば生活できると肌身離さず持ち続けた）

に8年間通いましたので、朝鮮語もできました。下の息子は朝鮮学校に2年間通い、その後はロシア学校に通いました。娘は日本語を聞いて分かりますし、話せます。息子は日本語を話すことはできませんが、聞いて理解することができます。私たちの家族は、家では日本語を使って生活していました。

　やがて夫は、真岡で有名な仕立て屋となりました。私は夫の仕事を支えてきました。子どもたちが大きくなり、私が40歳を迎えた頃、私は、魚工場で働き始めました。私は働くことには一所懸命になれます。私はその働きぶりが認められ、工場から表彰されました。20年間働くと満額の年金がもらえるので、60歳まで働こうかと思いましたが、食べることには困らないので、夫の勧めもあり、55歳で退職しました。退職時には、それまでの働きぶりが評価されて、金の時計をもらいました。

(4) 帰国への願い

　私は夫と結婚し、家族と別れてから、引揚げた家族のことが気がかりでした。どこに住んでいるのかも分かりません。しばらくし

て、「尋ね人」というラジオ番組に、父と母、弟の名前を書き、どこに住んでいるのか分からないから教えて下さいという手紙を出しました。その後、両親の住所が分かり、父からの手紙が届きました。当時、私たち夫婦には二人の子どもがいましたが、父からの手紙には、「子どもが二人いると分かった、生きていてよかった、お前の籍をなくしてしまおうと思ったけど、お前の母さんがだめだといった、そのままにしてある、夫と子どもを連れて疎開してきなさい、何も心配しなくていい」などと書かれていました。足を切断した夫が日本に帰っても大丈夫だろうか、仕事はあるだろうかと心配しましたが、夫に相談すると、手は動くから何とかなると言いました。次に、子どもたちに帰国の話を持ちかけると、子どもたちは日本への帰国に反対しました。子どもを置いていくことはできないので、仕方なく帰国を断念しました。

　もう日本には帰ることはない、と思っていた頃、国籍選択の問題が出ていました。私は、このままサハリンで暮らしていくなら、何かと便利なソ連国籍がよいと考えていました。夫に相談すると、「お前はソ連国籍になるつもりか。俺は北朝鮮籍がいい」と言いました。「私は日本人だけど、日本に帰れず、ここに残るしかない以上、ソ連国籍がいい」と言いました。私たちの周りでは、北朝鮮の国籍をとるよう宣伝する人がいました。北朝鮮籍では移動の自由が限られています。無国籍ならなおさらです。夫も随分迷ったようです。最後には、俺もソ連国籍をとると言いました。そして私たち家族は、ソ連国籍を取りました。

　けれども、日本に帰りたいという気持ちは消えたわけではありませんでした。北海道知事だった横路さんがサハリンに来た時のことです。私たち数名が知事に面会を許され、「私たちの生活はとても厳しいです。サハリンにいる日本人みんながそうです。何とか私たちを日本に永住させてもらえませんか」と私たちは懇願しました。

　この懇願が功を奏したのか、間もなくして、私たちの永住帰国が

70

認められました。私は永住帰国をしたいと思いましたが、連れてい
ける子ども家族は一世帯に限られています。私は娘家族を連れてい
くか、息子家族を連れていくか、難しい判断を迫られました。加え
て、娘の夫が、日本に帰るなら、4人の子どものうち、2人はサハ
リンに置いておくようにと言い出しました。また、息子の妻は、私
は行かないと言い出しました。どちらを連れて行っても家族が離れ
離れになってしまうと思っていた時に、娘が亡くなりました。娘が
いなくなり、私は4人の孫の面倒を見なければならなくなりまし
た。やがて、息子の嫁が心臓病や糖尿病になり、ついには息子が病
気になってしまったので、息子の子どもの面倒も見ることになりま
した。このような状況でしたから、私にとって、永住帰国は夢のま
た夢となってしまったのです。

　孫たちが大きくなった頃、息子夫婦も離婚したため、息子と一緒
に永住帰国できないだろうかと思い、相談に行ったことがありまし
た。働けなくなった息子を連れて、日本への帰国を申し出たら、あ
なたも息子も働けないから、永住帰国は無理だと言われました。そ
う言われて、私は、ここに残るしかないかと諦めました。ところが
日本サハリン同胞交流協会の小川さんが、「あなたが一番先に知事
にお願いしたんだ。そして、みんなが永住帰国できるようになった
んだ。なんでまだあなたが残っているんだ」と言いました。私が永
住帰国の相談を断られたことを伝えると、俺がなんとかしてやるか
らと言い、間もなくして永住帰国ができるようになりました。連絡
が入った時は、本当に驚きました。

（5）日本の墓

　私は息子と一緒に日本に永住帰国しました。息子の子どもたち
は、すでに大きくなっていましたが、下の子どもはまだ大学生でし
た。私はサハリンで働いて得た年金を、当時大学生だった息子の一
番下の子どもが受け取れるように学費と生活費の工面をして、帰国

しました。帰国後は、6カ月間、埼玉県の所沢センターに通いました。センターに通っている時に、お腹を冷やして何とか抑えていた腹部の痛みが再発し、入院することにしました。息子は、世話をしてくれる施設に預け、私は3カ月ほど入院しました。息子は、その後、施設で頭を強く打って亡くなりました。息子の御骨は孫（息子の娘）が持ち帰ってサハリンにあります。その孫が言うんです。「おばあちゃんが亡くなっても、向こうでお墓の準備をしているからね」と。でも、私はこう答えています。「何を言っているの。私がサハリンで死ぬと思っているの。あるいはここ（北海道）で死んでから、遺骨を持っていくつもりなの。私は行きませんよ。ここにちゃんと、お墓があるから。そのお墓に行くんだから」と。そして、北海道にあるお墓に連れて行って見せたこともあります。そしたら、「おばあちゃん、ここに入るの。分かったわ」と言いました。ハバロフスクから来た孫にも、連れて行って見せたことがあります。

　ここのお墓には娘の写真を入れています。娘は日本に永住したい、と言っていました。永住するための書類づくりを始めた時に亡くなりました。だから、娘の遺骨はサハリンにありますが、写真はここで眠っています。そして、私は、日本の墓に入りたいと思っています。サハリンなら、孫が私のお墓の世話をしてくれるでしょう。それは、分かっています。でも、私はやっぱり日本がいいのです。

コラム❸　サハリン残留日本人女性と小川峡一

　サハリン残留日本人は、集団引揚げが終わった後も、個別帰国という形で日本に帰ってきた者もいたが、1977年から1989年までの帰国は途絶えた。1977年の段階で、帰国希望者のうち、家族の同意や国籍問題等、帰国するための条件を備えた者の多くは帰国し、「表面上は」帰国を希望しない者が相対的に増えた。しかし、ここでいう帰国は、一度出国すれば二度とソ連に入国できないという帰国である。1976年には梅村秀子事件（当時北朝鮮国籍を取得していた残留日本人が日本への帰国を表明していたのに、北朝鮮に連行されるという事件）も発生していることから、帰国の意思表明をすることの社会的リスクもあった（中山：2019）。日本では、1978年に、厚生省援護局による『引揚げと援護三十年の歩み』が出されている。以下はその一節である。

　　　昭和24年、集団引揚げ終了後、南樺太になお残留していた日本人は、国際結婚の日本人、主要な産業に流用中の技術者及び受刑者と少数の残留希望者等で総数千数百人と推定され、豊原、大泊、真岡、本斗、敷香等各都市並びに泊岸、内淵、塔路、珍内等の炭鉱地帯を中心に残留していた。このうち国際結婚の日本婦人は、終戦後樺太における朝鮮人の地位及び生活状態が高まるに従いこれらの者と結婚した者が多く、これらの日本婦人のうちには、本邦に帰る父母兄弟等と別れて、夫の朝鮮人とともに樺太に残留したものがある。

　「終戦後樺太における朝鮮人の地位及び生活状態が高まるに従い」とあるが、必ずしもそうではない。北朝鮮籍や無国籍を選択した朝鮮人は、ソ連社会の中で政治的マイノリティの立場に留まり続けた。また、朝鮮人といっても、樺太時代（日本帝国期）からサハリンに居住していた朝鮮人、戦後間

もなく北朝鮮地域から労働を目的に入ってきた朝鮮人、中央アジアからサハリンに移住してくるソ連系朝鮮人がいて、それぞれは階層化されていたのである。

　また、「国際結婚の日本婦人は（略）、朝鮮人の地位及び生活状態が高まるに従いこれらの者と結婚した者が多く」とあるが、日本人女性が朝鮮人との「国際結婚」をしたのは、当時の若い日本人男性が応召等により島外に出ていたことや、暮らしの困窮や暴力から自身や家族の身を守る手段としての婚姻が選択されたからである。ただ当時は、日本人、朝鮮人といっても、同じ日本帝国臣民として日本語を普通に使う環境があったこと、樺太島内では日本人女性と朝鮮人男性との結婚は戦前からあって珍しいことではなかったのである。また、朝鮮人男性の側でも、とりわけ徴用で樺太に移ってきた人の中には、日本人女性との結婚を悔いた例（結婚後に相手が日本人であることが発覚）があった。

　加えて、「これらの日本婦人のうちには、本邦に帰る父母兄弟等と別れて、夫の朝鮮人とともに樺太に残留した」とあるが、この書き振りであれば、残留を選択せざるをえなかった日本婦人の苦悩は見えてこないだろう。しかしながら、戸倉さんの事例のように、当時の残留日本人女性には、帰りたくても帰れない様々な事情があったのである。そのような事情を抱えた残留日本人女性にとって、1988年12月の国会で厚生省援護局課長により使われた、「自己意思残留者」という言葉は、受け入れ難い言葉であった。

　『置き去り　サハリン残留日本女性たちの六十年』を著した吉武輝子は、残留女性であった加藤波子さんのつぶやきを紹介している。

　　国際結婚だなんて国は聞こえのいいことを言っているけど、ほとんどの人たちは強制結婚。敗戦を境に、支配していた日本人は敗戦民族、支配されていた朝鮮人は解放民族。立場の逆転の犠牲者になったのが残留日本人ですよ。朝鮮の人たちも皆自分の国に帰りたかった。その夢を砕いた日本という国に対する恨みを日本人妻に晴らす夫が多かった。最初

74

の夫はものすごい暴力亭主だった。みんな辛い思いをして生きてきた。

　筆者が出会ったサハリン残留日本人女性（Aさんとする）は、筆者が過去の
ことを聞かせて頂けませんかとお願いしたところ、「私の過去なんて、何のい
いこともない、話したくもない」と言われた。それが本音だろうと思われる。
あるテレビのドキュメンタリー番組では、Aさんの過去がご自身の口から語ら
れている。結婚相手は朝鮮人男性で、普段は暴力を振るわないが、お酒を飲み
始めたら豹変し、「誰のせいで俺は親元に帰れないと思っているんだ。お前ら
日本人のせいだ」と興奮し、Aさんは夫の暴力を受けていたという。Aさんは、
「今はとても幸せ。でも、昔の私は本当につらかった。つらい時は、兄が歌っ
てくれた日本の歌を何べんも歌って自分を励ましてきた」と筆者に話す。
　戦後のサハリンには、帰りたくても帰れなかった朝鮮人がいた、というこ
とは重要な事実である。親兄弟に会えない、いつ会えるか分からない、会え
た時にはすでに亡くなっているかもしれない、という朝鮮人男性（夫）の怒り
の矛先が、妻である日本人女性に向けられたのである。その痛ましい出来事
は、戦後、日本人は引揚げることができて、朝鮮人にはそれが許されなかっ
たという社会状況の中で起こったのである。無論、サハリンにいたすべての
日本人女性が被害を受けてきたわけではない。また、朝鮮人と日本人は対立
しながら暮らしていたのかといえばそうでもない。Aさんによると、例えば
として、家を建てる際には、朝鮮人も日本人も協力しながら建てていた話を
している。今年はみんなでこの家を建てよう、次はあの家を建てようと言う
ように「仲良く暮らしていた」という。しかし、日常生活のある瞬間に、残
留日本人女性は、二度と親兄弟と会えなくなってしまった朝鮮人男性の怒り
や悲しみの矢面に立たされることがあったのである。そしてその相談は誰か
にできたわけではない。樺太とよばれた所がサハリンに変わり、日本人であ
ることを隠して生きる人が大半を占め、サハリンには自分以外の日本人はほ
とんどいないと思うような環境の中で、忍耐だけを頼りに生きていかなけれ
ばならなかったのである。

「サハリンで交錯する日韓の『残留者』たち」を記した玄武岩は、次のように述べている。

　　「サハリン残留〈日本人〉女性」という存在には、戦前に彼女たちをサハリンに向かわせた「階級」、日本人・朝鮮人という「民族」、そして女性であれば「ジェンダー」の問題が絡んでいる。戦後サハリンにおいて残留を強いられた〈日本人〉女性は、帝国日本における民族・階級・ジェンダーの結節点に位置するのだ。

　民族・階級・ジェンダーの結節点に位置する残留日本人女性がサハリンでどう生きたのか、一人ひとりの生活体験を読み解きながら考えていく必要があるだろう。

　最後に、戸倉冨美さんの生活体験に出てくる小川峡一について触れておきたい。小川峡一は、サハリン残留日本人女性から、「恩人」、「神様みたいな人」と言われ、サハリンを含めた旧ソ連の残留日本人の帰国に、大きな貢献をされた方である。小川峡一は、1931年に樺太大泊町に生まれ、小学校時代に北海道小樽市に転居し、1951年に日本経済新聞社に入社し、1957年に中央大学法学部を卒業している。1989年に「樺太（サハリン）同胞一時帰国促進の会」を創設し、以後事務局長を務め、1992年に同会を「日本サハリン同胞交流協会」に改組してからは、一時帰国の他、永住帰国の支援に携わった。そして同協会の事業は、現在の「日本サハリン協会」（斎藤弘美会長）に引き継がれている。小川峡一は2017年に亡くなるが、サハリンで「サハリン日本人会（北海道人会）」の副会長及び会長を長らくされた近藤孝子さんによると、死ぬ間際まで、サハリンのことを気にかけていたという。今もサハリン帰国者から慕われ、尊敬される小川峡一は、サハリン残留者の帰国を実現するうえで、なくてはならなかった人物である。

2. サハリン残留体験Ⅱ——菅生善一さんの場合

　菅生さんは、1943年（昭和18）の樺太生まれである。樺太に残された母は、戦後、朝鮮半島にルーツをもつ養父と再婚した。菅生さんは新しい家族で育ち、朝鮮学校、ロシア学校に通う。15歳の時に自分が日本人であること、また自分に本当の父がいることを知るが、本当の父は育ててくれた養父だと考えている。2000年に永住帰国をし、現在は北海道で暮らしている[5]。

（1）私の少年時代

　敗戦の年、私は樺太にいて、2歳でした。母から聞いた話ですが、その時は、父は家におらず兵隊に行っていました。母は私を負ぶって、バスも汽車もない中、名好（現：レソゴルスク）から大泊（現：コルサコフ）まで歩きました。そして、疎開船に乗ろうとしましたが、間に合いませんでした。母はそのまま大泊で暮らし、そして養父と再婚しました。新しい家族ができ、私の下に、4人の弟と妹ができました。一番下の弟は腎臓の病気で亡くなりましたが、他の弟妹は、今もサハリンに住んでいます。弟妹たちは、1947年以降に生まれましたので、一時帰国という形でも、母の生まれ故郷を訪れることはできません。

　母はあまり昔の話をしてくれませんでした。私が日本人であることを知ったのは、15歳の時です。当時はそれほど気にしませんでした。同じ15歳の時に、私は初めて本当の父親がいることを知りました。けれども、父との思い出は、何も残っていません。火事にあったことがあり、写真もすべて焼けてしまいました。

　母の話ですと、私は8歳までは日本語だけを使っていたそうです。当時の近所のおじさん、おばさんたちは、みんな日本語を使っていました。韓国の人もです。でも、私は8歳を過ぎてからは、朝

第3章　サハリン残留の生活体験　　77

鮮語かロシア語を話すようになりました。そして、日本語は完全に忘れてしまいました。人の話は聞いて分かるのですが、私からは、話せなくなりました。

養父は日本語を使いません。母は夜間学校に通い、朝鮮語を勉強しました。そして、私に朝鮮語を教えてくれました。

私は、朝鮮学校に通い、4年生まで勉強しました。学校では、ロシア語はできても、朝鮮語はあまりできませんでした。朝鮮学校では、3年生までの先生は、韓国から来た人でした。けれども、その先生が日本に戻ることになり、代わって、大陸から来た先生が教えてくれました。その先生は厳しく、私が日本語を口にすると、叩かれました。1年生から4年生までが、一つの教室で学びます。だいたい10人ぐらいがいましたが、日本人は私一人だけでした。教室では、みんなは仲良く過ごしました。

5年生からはロシア学校に入りましたが、先生が厳しかったからではありません。朝鮮語ができなかったからです。私は養父と母に許可をもらわないで、ロシア学校の教科書を買いました。そして、ある日、朝鮮学校に行かないと言いました。二人は、黙って何も言いませんでした。

ロシア学校は、一学年一クラスの学校です。一クラスは20人ぐらいで、日本人は私だけでした。あとは朝鮮人かロシア人で、先生はロシア人でした。ロシア学校では、ロシア人にいじめられたことがありました。いじめといっても、「おまえのけつは黒いけつ」、「目がほそい」といったようなものです。ロシア系とアジア系は見た目から違います。そういわれて、喧嘩もよくしましたが、6年生ぐらいになったら喧嘩もなくなりました。

当時は、大きな村には学校がありました。また、寄宿舎もありました。私はその大きな村の学校に通いました。平日は寄宿舎で暮らしました。土曜日の夜に家に帰り、日曜日の夜に寄宿舎に戻るという生活です。家から寄宿舎までは、12km ほどありました。誰かが、

いつも車に乗せてくれました。昔はそんなに車もありません。会社の自動車かトラックに乗って、通いました。ロシア学校に入学する時は、緊張しませんでした。私の村には、ロシア人、韓国人、日本人がいて、みんなが仲良くしていたからです。学校では、サハリンの歴史はそんなに教わりませんでした。日本統治時代のことを習った記憶はありません。ロシア学校では、ソ連は一番いい国だ、と教わりました。そして、私たちもそう思っていました。

大学も病院も幼稚園も無料。働いている時に入院しても、証明書さえあれば給料はもらえる。少なくとも 17 歳までは、ソ連第一主義だったと思います。

11 年生までロシア学校に通い、その後は、運転手になるための学校に通いました。そこで、6 カ月間勉強して、トラック会社の運転手として働きました。それは自分が望んだ仕事で、日本に永住帰国するまで勤めました。

(2) サハリンでの暮らし

ソ連時代の暮らしで困ったのは、50 年代、60 年代と聞いていますが、養父はよく働いて、給料ももらっていたので、私の家は、それほど大変ではなかったと思います。村で一番早く、テレビやオートバイを買ったのは私の家でした。食べ物がなくて苦労したということはなかったと思います。

養父は、農業の試験場で勤めていました。とにかくよく働く養父でした。冬は農業関係の仕事はありません。そんな時は、山に行って木を切るなどの仕事をしていました。一年中一生懸命に働きました。あの頃は給料がよかったようです。しかも、1 年間仕事をしたら、48 日間の有給休暇がもらえます。3 年間仕事したら、144 日間休むことができる。休みをとって、大陸に行くこともありました。私たちは、それでウクライナに行ったことがあります。もちろん、旅費も出してくれました。

第 3 章 サハリン残留の生活体験　　79

父が勤める職場のトップは北朝鮮の人でした。その人がとてもいい人でした。その上司にも長男がいて、私より1歳上でした。私は彼と友達になり、家族ぐるみの付き合いもありました。

　母は主婦をしていました。当時のソ連で、女性が主婦をするのは当たり前でした。子供を育てたり、家事をしたりしていました。

　サハリンには韓国の人と北朝鮮の人がいます。北朝鮮の人は、韓国の人とは少し違う感じでした。どちらかというと、韓国の人たちは、日本の習慣も韓国の習慣もありました。けれども、北朝鮮の人たちには、日本の習慣はそれほどありませんでした。何と言ったらいいかな。あまり話をしませんでした。といっても、冷たい人たちではありません。でも、そんなに話はしない。もちろん、こちらが話しかけたら、答えてくれます。朝鮮学校4年生の時は、北朝鮮からきた子どももいましたし、大人になってからも北朝鮮の人は近くにいました。サハリンにいる頃は、北朝鮮の友達もできました。

　私がソ連国籍をとったのは20歳の時です。あの時代は、ソ連国籍でなかったら仕事がなかった。無国籍なら、自由に移動することもできなかった。例えば、無国籍だと、サハリンから大陸に行くには、警察で許可をもらう必要がありました。1958年に父はソ連国籍をとりましたが、当時は、朝鮮国籍もとれませんでした。ただ無国籍かソ連国籍かの選択です。父がソ連国籍をとってからは、母も子どもたちもみんなソ連国籍になりました。

　私もソ連国籍にしてから、徴兵の手紙をもらいました。徴兵の知らせが来たときは、ソ連のために、という気持ちでいました。でも、あの時は体が弱かったので、結局、兵隊にはなれませんでした。

　私が勤めていたトラック会社の社長はロシア人です。責任者から部長までロシア人が占めています。仕事をしていたのはロシア人だけではありません。アジア系もいっぱいいました。日本人や韓国人は社長にはなかなかなれません。なれても、部長ぐらいまでだと思

います。部長の上はなれない。大学を出ていても、頭がよくてもで
す。ロシア人優位の社会といえばそうですが、日本でもそうではな
いですか。

(3) 養父のこと、母のこと

養父は、朝鮮語も日本語も話せましたが、朝鮮語を書くことや、
読むことはそんなにできませんでした。母は結婚前に、日本の学校
で7年間勉強していましたので読み書きができました。養父がい
つ樺太にきたのかは分かりません。連れて来られたのではなく、仕
事でお金をもうけるために来ました。養父は1912年生まれ、母は
1924年生まれです。

養父は、樺太に来る前に、朝鮮で結婚して、3人の子どもがいま
した。長女、次女、長男です。樺太に渡ってから、朝鮮に帰れな
くなって、樺太で母と再婚し、4人の子どもをもうけました。それ
が私の弟妹です。韓国に残した家族については、養父はあまり話し
ませんでした。韓国に家族がいることを、ずっと話さないでいまし
た。私が知ったのは、20歳になってからです。聞いた時は、そう
か、と静かな気持ちで受け止めました。

養父は、1991年に韓国に戻っています。1988年にソウルオリン
ピックがあってから、ソ連と韓国の関係がよくなりました。日本と
韓国の関係もよくなりました。養父は、私の弟、つまり自分の長男
を連れて、東京経由でソウルに行きました。その時、前の奥さんと
も会っています。韓国にいる養父の長男と次女の二人は、養父が生
きていた時に、サハリンに来たことがあります。養父が1995年に
亡くなってから、私は韓国を訪れ、養父の長男に会いました。その
長男は、自宅に招いてくれました。

(4) 本当の父

1982年に、私は母と日本に行きました。あの時は北海道の各地

をまわって、あとは東京、神奈川に行き、親戚を訪れました。その時、東京のいとこが、私に「お父さんと会いたいか」と聞きました。会いたいけど、話はできません。あの時は、日本語が全く話せませんでした。いとこが代わりに電話をして、父と私は話しました。私はただ聞くだけでした。父がその時に話したのは、今、病気で会いに行けない、ということでした。

　サハリンに戻ってきた時、父が再婚した女性から、手紙が来ました。内容は、あなたがた母子は、私たちの家庭に関係しないでください、ということでした。その時に私は、父には新しい奥さんとの間に、二人の息子がいるので、財産のことを気にしているのかなと考えました。母はその後、父の住む秋田県の役場に、私は財産は要らないという証明書を送りました。母は1985年に亡くなり、父は1991年に亡くなりました。

　私が永住帰国してから出会った親戚は、母の妹である叔母さんぐらいです。ただ一回だけ、その叔母さんと話しました。日本サハリン同胞交流協会の小川会長が、おばさんに電話して、私が生活保護を受けられるように、おばさんが年金生活をしていることの証明が必要だという話をしてくれました。その時に、1回だけ話をしました。日本に来て18年になりますが、それぐらいです。

　父と会えなかった時、寂しいというより、そうかなと思いました。でも、父の本当の心は、手紙をもらった時に分かりました。私を育ててくれたお父さん（養父）こそが、本当のお父さんだと思っています。

（5）私の家族と永住帰国

　私は25歳の時に結婚しました。妻は朝鮮半島にルーツがあります。妻のお母さんは、結婚する時には亡くなっていました。妻のお父さんは昔、小さい子ども二人を連れて、北朝鮮に行ってしまいました。なので、妻の両親とは会っていません。

私たちには二人の娘がいます。娘は今、ユジノサハリンスクにいます。長女はロシア語の先生です。自分の通った学校で勤めています。けれども、今は別の仕事をしています。長女は、ビザをとって日本に来ています。永住帰国する時は、どうなるかと心配でしたが、今は、お金があったらいつでも来られます。先日も次女と孫二人が日本に来ました。

　孫の一人は、大学を卒業しています。もう一人は、高校を卒業しています。二人とも長女の孫です。次女には今、子どもはいません。次女はエスティシャンをしています。次女の夫は韓国の人です。二人は北海道で出会いました。次女の夫のお父さんとはサハリンでもお会いしていますが、韓国でも80歳の誕生日の時にお祝いに訪れました。

　私の家族には、日本人、韓国人、ロシア人がいます。できれば娘たちと一緒に過ごしたいです。日本の永住帰国では、もう一家族を連れて来ることはできますが、そうすると、もう一家族はサハリンに残すことになるので、私たちは夫婦だけで帰国しました。

　帰国後、私は2カ月ぐらい、ワインの店で働きました。その後は、小樽で、自動車部品関係の仕事をしました。私の仕事は主に、ロシア人を相手にするものです。部品のやり取りをしていました。日本人とはそれほど話をしませんでした。そこをやめた後は、北海道の帰国者センターで勤め、相談員や通訳をしていました。通訳というのは、永住帰国をした人の通訳です。5年ぐらい勤めました。年齢的なことで、今は勤めていません。

コラム❹ 北東アジアに広がる家族

　菅生善一さんの家系図をつくると、何が見えてくるだろうか。まず、家族の住む場所が、日本、サハリン、韓国、北朝鮮に広がっていることが言えるだろう。このような家族は、サハリン残留者にとって珍しいことではない。名前も日本語名、朝鮮語名、ロシア語名と様々である。サハリンでは、一人の人間に三つの名前があるということもある。家系図からは見えてこないが、使用言語も獲得言語も多岐にわたる。現に、筆者が菅生さんにインタビューをした時、友人からの電話に出られた菅生さんはロシア語を話された。

　菅生さんの家族は、お子さん二人がサハリンに住まれているが、二人の娘のうち、どちらかの家族は、菅生さんとともに日本に永住帰国することもできた。だが、様々な事情に鑑み、現在は日本とロシアの二つの国に分かれて生活をしている。菅生さんは現在、サハリンからの一時帰国団の通訳等をするなどして活躍されているが、年齢的には 75 歳を超えている。今は、娘夫婦と別れて過ごしていても、お互いに行き来できるので、大きな問題はないという。けれども、将来的には菅生さん夫妻も、娘さん夫婦も、何らかの問題に直面するかもしれない。現に、次節で紹介する伊藤實さんは、90 歳を超え、今は北海道で一人暮らしをしている。頼れる家族はドイツに住み、買い物、洗濯、炊事等をすべて一人でやっている。「俺に何かあった時は、俺はこの携帯を使う。この携帯は俺の最後を次女に知らせるためのもの。ドイツにいる次女に」と伊藤さんは話す。伊藤さんの身に何かあった時、伊藤さんは携帯で知らせることができるのだろうか。知らせても、ドイツにいる家族は、駆け付けて来られるだろうか。

　サハリン帰国者の生活圏は広く、そのダイナミズムに圧倒される。反面、その広がりは、将来的に大きな不安をもたらすことにもつながる。

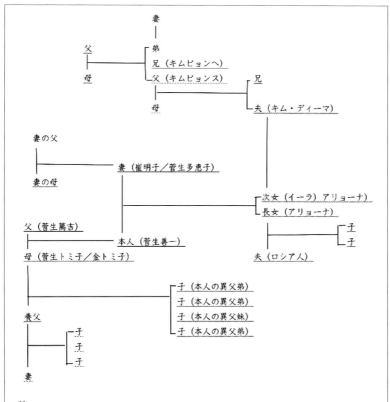

註
- 『サハリン・北海道・仁川を行き来する——菅生善一』玄武岩他編著（2016）と筆者によるインタビュー（2018 年 8 月 12 日調査）を基に筆者作成。
- 下線：日本在住、点線下線：韓国在住、波下線：ロシア在住、下線なし：北朝鮮在住、を示している。子どもに示す際には色別に示したい。なお、それぞれの下線は亡くなった場所をも示している。
- 表記の仕方に正確さが欠けるが、教材として活用できるように、子どもが読み取って理解できるようにした。

図　菅生家系図

3. サハリン残留・カザフ抑留体験——伊藤實さんの場合

　伊藤さんは、1927年（昭和2）の山形県生まれである。3歳の時に両親に連れられて樺太に渡った。1945年に機関士となるが、1946年に列車事故を起こそうとしたと見なされて逮捕され、真夜中の裁判を経て、シベリアに送られた。「刑期」を終えても家族の下に帰ることが許されず、カザフ（現在のカザフスタン）での生活を余儀なくされた。いわゆる「民間人抑留者」でもあり、「旧ソ連大陸残留者」でもある。カザフでの貧しい生活の中、ドイツ人女性と結婚し、3人の子どもをもうける。やがて妻はカザフで亡くなり、3人の子どもは伊藤さんを連れてドイツでの暮らしを希望するが、伊藤さんは日本での暮らしを選択する。1997年に永住帰国し、現在は北海道で暮らしている[6]。

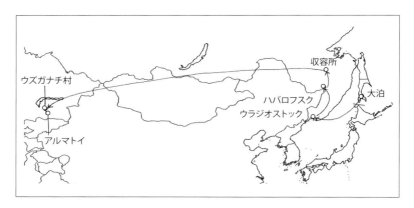

地図 3-2

(1) 樺太での暮らしと敗戦前後

　樺太では、春になればニシンがたくさんとれた。魚でも何でも、食べるものは美味しかった。樺太では冬は雪がいっぱい降った。住

んでいた西海岸は特に雪が多かった。俺は野田（現：チェーホフ）の小学校に通った。通っていたのは、みんな日本人だった。

　学校を卒業してから、憧れの機関士になった。機関士になったのは同級生の中で、たった一人だ。樺太鉄道の泊居（現：トマリ）機関区で働いた。最初は機関士見習いだった。3カ月間、見習いをやって、戦争が終わる前の7月に機関士なった。その頃は、男は15、6にもなれば、ひっぱっていかれ、若い男はほとんど見かけなくなっていた。男性といえば、年寄りしかいなかった。

　敗戦前にロシア人の攻撃にあったことがある。機関士見習いの時、列車を攻撃された。トンネルに入って、攻撃がやむのを待っていた。それで助かった。子どもの頃のことだったけど、おそろしかった。

　敗戦後も機関士の仕事を続けていた。ロシア人を初めて見たのは、夜中に機関車を動かしている時だった。酔っぱらったロシア人二人が、突然乗ってきて、銃を突き付けて、動けって言い出した。酔っぱらっているし、銃をもっているし、本当に怖かった。言葉も通じない。動け、動けっていう。怖い思いをしながら機関車を動かした。機関車を動かすのに必要な水がなくって機関車が止まってしまったら、二人のロシア兵は逃げて行った。

　運命を変えたのが、1946年のあの日。夕方から朝5時までの仕事を終えて、疲れていた。家に帰りたかったのに、帰してくれなかった。ロシア人に、「もう1回行ってくれ」と言われた。「1分でも遅れたら軍事裁判だ。行け。もう1回行け。」と言われ、しぶしぶ運転することにした。

　疲れていたから、座って運転している時に、少し居眠りをしてしまった。ふと隣を見ると、石炭を炊くところの前で立ちながら、機関助手も居眠りしていた。前方を見ると信号が赤になっていた。貨物列車も見えた。急いでブレーキをかけたものの、下り坂でなかなか止まらない。前の貨物列車にぶつかりそうになったが、ほんの

50cm か、60cm で止まることができた。

　その後も、真岡（現：ホルムスク）まで走らせ、そして泊居まで戻り、やっとのことで仕事が終わって、家に帰って寝ていたら、呼び出された。そして、その日の最終列車に乗り、真岡にあるソ連軍の施設に入った。次の日、豊原（現：ユジノサハリンスク）に連れて行かれて、刑務所に入れられた。その時は、帰れると思っていた。誰かを殺したわけでもないし、何かを壊したわけでもないから。結局そこに、6カ月近くいることになった。その刑務所には、日本人がたくさんいた。ベッドも何もないところだった。みんな板の床の上に寝ていた。そのままで寝ていた。寒くはなかったけど、大変だった。

　刑務所では、突然、深夜に呼び出された。後ろ手に縛られて、裁判を受けた。通訳はいたが、通訳の日本語ははっきりとは分からない。裁判長と通訳がロシア語で何かを話している。何を話しているのかさっぱり分からなかった。結局、2年6カ月の懲役を受けた。裁判はみんな夜中にやっていた。みんなが寝ている時にそっと連れて行かれる。そして、朝起きたら、知らない間に誰かがいなくなっている。だれがいつどこに連れて行かれても分からない。そんな裁判だった。

　俺も夜中に大泊（現：コルサコフ）に連れて行かれ、そのまま船に乗せられた。行った場所はウラジオストック。そしてハバロフスクの刑務所に入れられた。そして、車に乗せられ、300km 離れた収容所へ向かった。朝6時ごろに起こされ、汁しかない朝食をとって、朝8時から4時ぐらいまで働かされた。20m 以上の高い木を、道具だけで仲間と切っていく。切ったら今度は木を押して倒れるようにする。そんな重労働だった。冬場も、森林を伐採したり、トンネルをつくったり、木の根っこをほらされたりした。－41℃でも仕事をやらされた。ただ、－42℃になったら、休むことができた。

　しばらくして、俺は班長の助手になった。班長は身体の大きなロ

シア人で、他にもたくさんのロシア人がいるのに、俺を助手にしてくれた。班長が食べる物は2、3人分あった。余ったら俺にくれた。班長のおかげで俺は生きていくことができた。

ただ、同じ部屋の朝鮮人にはいじめられた。ロシア人より朝鮮人のいじめがひどかった。戦争前に日本人がいじめたから、お前たちをいじめてやるといって。朝鮮人の前で日本語をしゃべったら大変なことになった。たたかれるから、怖くて怖くてしかたなかった。相手は一人ではないし、いっぱいた。

でも、朝鮮人のいないところで、日本人同士は話していた。お互いの住所を教え合ったりして。今思えば、住所を書いておけばよかったのだけど、当時は書けなかった。ロシア人にみつかったら大変だったから。50、60過ぎの日本人が本当にかわいそうだった。俺以外はみんな年寄りだった。年寄りの一人は、配られたパンをタバコと交換していた。何でそんなことをするのかと聞いたら、どうせ生きていけないんだと答えていた。結局、そこにいた俺以外の日本人はみんな亡くなった。遺体はそのまま外に出し、穴をほり、凍った遺体を埋めていた。無念だった。

収容所を出たら、樺太の家族のところに帰りたいと希望したけど、聞いてもらえなかった。手渡されたのは、黒パンとお金と一枚の紙片。手渡された紙片には、行くべき地名がロシア語で書いてあった。それを見せながら移動した。1月のことだったからとても寒く、迷いに迷い、死ぬかと思いながら移動した。

ようやくウズガナチ村（アルマアタ州）に着いた。当時は、2、30人が住む村で、牛などの家畜を飼っていた。ドイツ人とロシア人夫婦の家に泊めてもらった。ストーブの横に寝なさいと言われ、藁が敷かれた上に寝た。その晩はずっと寝ていた。柔らかかった。その家では、牛を飼っていたから、本当の牛乳を飲むことができた。店で売っているものは薬が入っているから本物は違う。本当においしかった。

(2) カザフでの暮らし

　しばらくして、仕事に行きなさいと言われて、カザフ人夫婦のところに行って仕事をした。夜明けに、たくさんの子牛を山に連れて行き、夕暮れになったら小屋に子牛を戻すという仕事を、休みなくしていた。着ているものは、ぼろぼろで、着られなくなったら、誰かが着古したものと取り換えてもらっていた。当時は、１回も石鹸を見たことはなかったし、使ったこともなかった。夏場は川に入って、身体を洗えるけど、冬場は冷たくて洗えない。そのままにしていた。だから身体中、シラミだらけになっていた。食べる物は、カザフ人夫婦と同じではなく、カザフ人夫婦は、パンをやいて食べているのに、俺はトウモロコシの粉でできた堅いものを食べていた。その家に住んで働いていたはずなのに、お金は一銭も支払われなかった。言葉が全く通じないし、相手が何を言っているのか分からない。どうすることもできなかった。それに、文句をいったら、また刑もらうかもしれないと思って何も言えなかった。そういう時代が２年ぐらい続いた。毎日、家畜を追って、ひたすら走っていたので、おかげで足腰は今でも強い。

　ある日、ドイツ人に、なぜこんなひどい所で働いているんだと声をかけられ、来いと誘われた。その人の家にあがり、身体を洗い、一人前の男になったように、さっぱりできた。肉やら何やら、美味しいものも食べさせてもらった。これを機会に、カザフ人夫婦のところを離れ、やがてドイツ人女性と結婚した。

　妻の話だと、妻の父親と兄弟はウクライナで、ロシア人に殺されている。ウズガナチ村には、母と一緒に、ドイツ人を載せた列車に乗ってやって来たという。列車は、昼間は動かず、夜になったら目的地に向かって走り出すような列車で、１カ月間かけて移動してきたが、やがて母親は亡くなったという。

　結婚して一緒に暮らし始めたけれど、お金はなかった。毎日は、食べるもの飲むもので精一杯。たまに着るものを買うぐらい。そん

な暮らしをしていた。食べていくために、いろんな仕事をした。大工もやった。羊の毛を刈る仕事も覚えた。コックもした。5、60人が働いているところで、朝、昼、晩をつくった。ボルシチをつくるのに羊の肉をさばいた。あなたしかやれる人はいないと言われて責任をもって仕事をした。

　俺は犯罪者にされたので、妻との結婚は正式には認めてもらえなかった。だから、3人の子どもができたけど、戸籍のうえでは父なしのドイツ人として登録された。子どもたちは妻の名字、ドイツ名をつけていた。

　俺は、自分が日本人であるということを家族以外の人間に言うのは怖かったので、朝鮮人とか、カザフ人だとか言っていた。妻もロシア人の前では自分がドイツ人だとは言わなかった。カザフにはたくさんのドイツ人がいて、妻はドイツ人とはドイツ語で話していたけど、ロシア人がいると何も話さなかった。そういう時代だった。子どもたちは俺が日本人だと知っていたが、子どもには日本語を教えなかった。妻とはロシア語で会話をしていた。

　一度、村から60kmほど離れたところに、祭典があるという話があった。日本人の音楽家グループがやってきて演奏をするという話だった。それを聞いて、俺の生まれはどこで、住所と名前はこうだという日本語の手紙を用意した。当日、日本人に手渡そうと思った。

　その日がやってきて、当時6歳と10歳ぐらいだった長女と次女を連れていった。何十年ぶりかで日本人を目にして気持ちが高ぶった。書いてきた手紙を渡そうと思った。すると、警察官の姿が見えた。手紙を渡す前に捕まってしまうかもしれない、いやそれでもいい、と色々と迷った。当時は、日本人に近づくことが難しかった。警備もしっかりしていた。そんな中、日本人の音楽家が話す日本語が耳に聞こえてきた。日本人と話したい。身体が震えてくる。そんな時、子どもたちから「お父さんだめ」、「刑務所に入れられてし

まう」、「お父さんがいなくなっちゃったらどうなるの」といわれた。残された子どもたちはどうなるだろう、俺が手紙を渡し、日本に行けたとしても、この子たちは、警官に連れていかれるかもしれない。そうすると、この子たちは家にも帰れないと思った。子どもたちのことを考え、ついに、「もう、帰ろう」と言った。あの時は、本当に、本当につらかった。

その後、日本にいる家族への手紙を何度か試みた。俺は日本の住所も父や母、兄弟の生年月日も覚えていた。でも、返事は返ってこなかった。モスクワの日本大使館にも手紙を送ったけど、返事は一度もなかった。

けれども、ある時、日本人が俺を訪ねてきてくれた。三浦正雄さんである。三浦さんが訪ねてきてくれた時は本当に驚いた。俺も、2、300 km 離れた、三浦さんのところに出かけたことがある。三浦さんの他にも、何人かの日本人がいることが分かった。みんな遠くに住んでいたが、会いに行ける時は、会いに行った。

そうこうしているうちに、妻が亡くなった。妻が 50 になるかならないかぐらいの時、ペンキ塗りの仕事をしていて亡くなった。ペンキの臭いにやられて、身体じゅうの血が固まるようにして亡くなったのに、糖尿病で亡くなったことにされた。仕事現場の責任を問われないように、糖尿病にされてしまったが、当時は文句は言えなかった。みんながそうじゃないと分かっていても、黙っていなければいけないのが、当時のソ連社会だ。妻が亡くなった時は、一番下の娘は 15 歳だった。子どもを何とか育て上げなければならないと思った。

（3） 日本からの手紙

ソ連でペレストロイカが言われ出した頃、モスクワの日本大使館宛に出した手紙が日本に届けられた。この時に出した手紙は、1989 年 12 月で、家族に連絡が届いたのは、1990 年 8 月だった。

母は俺がサハリンで捕まった時、釈放をお願いして回り、「あの子が死んでいるわけがない」と言っていたと聞いている。母に会いたかった。でも、なかなか航空券が買えなかった。買おうと思っても、なかなか売ってくれなかった。当時、航空券は60ルーブルで、1カ月分の年金に値した。息子の友達に相談したら、あと100ルーブル足したら買えると言われて、その通りにしたら、手に入れることができた。もうすぐ日本に帰れると思った矢先に、母は亡くなってしまった。1990年10月のことだった。

　日本への一時帰国ができたのは、11月に入ってからだった。当時次女には子どもがいたけども、次女が一緒に来てくれた。飛行機でアルマトイからモスクワまで来て、大使館で何日か泊めてもらった。モスクワから日本への航空券は日本にいる弟や妹が手配してくれていた。モスクワでは、モスクワの人でなければ何も売ってくれなかったから、食べ物からお茶から色んなものを家から持ってきて、モスクワに滞在していた。飛行機に乗る日が来た時は、大使館の人が見送ってくれた。飛行機の中では一睡もできなかった。昔のことや妹、弟のことなどを思い出して。ずっと緊張した状態だっ

写真3-4　次女とともに親戚と再会する伊藤さん（左から2番目）

た。日本の空港について久しぶりに妹を見たけど、歳が三つしか違わなかったから、すぐに分かった。空港にはたくさんの報道陣がいて、その時は恥ずかしいぐらい痩せていたから、取材を受けるのが嫌だった。それに、日本語も話せなかった。相手が何を言っているのかはだいたい分かったけれど、自分の口から日本語が出てこなかった。話したくても話せない、60、70％ぐらいが分かるという感じだった。日本に滞在していた時は、弟の家に泊まって過ごした。その時に、親族にも、樺太野田町の人にも、鉄道機関区の旧友にも会えた。日本語も少しずつ思い出すようになっていった。

（4）カザフに戻って

日本からカザフに帰ってみると、私の長男がドイツに行きたいと言い出した。ドイツ政府は、旧ソ連にいたドイツ系の人間を積極的に受け入れていた。長男は、大学を出ていないし、ここでは何ともならない。今だったらまだ若いから何とかなる、と言った。息子と別れて暮らしたくなかったけど、結局、息子一家は 1991 年にドイツに渡った。

その後、ソ連がだめになって、生活がますます悪くなった。日用品の値段も急に上がり、毎月の年金も遅れ、ついに全く貰えなくなった。娘たちも、「もうここで生きていくことはできない。兄さんのいるドイツにお父さんも一緒に行こう」と言い出した。

当時の娘たちの生活は本当にひどかった。ちょっとでもお金になりそうなことがあれば何でもしていた。それでも十分な収入はなかった。幸いドイツに渡った長男は暮らしが出来ていた。娘たちは長男と相談し、すでにドイツに行くことを決めていた。娘たちの願いは私も一緒にドイツに行くことだった。でも俺がドイツに行ったとしても、何もできないし、ドイツ語は分からない。

最終的に、「俺は日本で生まれたから日本で死ぬ」と子どもたちに伝えた。そして、子どもたちにはドイツへ行きなさいと言った。

その後、俺が日本に飛び立つまで、子どもたちは私と一緒にいてくれた。俺がいなくなってから、子どもたちはドイツに渡った。ただ、日本に帰るといっても、日本語ができたわけではない。実際、日本に帰国して、日本人と普通に会話ができるようになったのは、80歳を超えてからだった。

（5）永住帰国

1997年に日本に永住帰国し、妹のいる石巻市に住んだ。しばらく石巻に住んでいたが、東日本大震災では、大変な目にあった。津波で、住んでいたところに水が入り、徐々に水かさが上がり、天井まで届くような勢いだった。俺はその時、1m以上のところで浮いていた。3月の海だったから、とても冷たかった。1階建の小さなアパートに住んでいたけど、前に4階建ての建物があったからアパート自体は流されずに済んだ。大震災を機に、協会の小川さんが北海道の札幌市に移り住むことを勧めてくれた。だから今、ここ（北海道の札幌市）に住んでいる。

東日本大震災の後、孫たちが赤十字社に働きかけて、日本国籍の俺もドイツで住めるように動いてくれたことがあった。ドイツで一緒に暮らせるようにと。でも、俺はその時にサインをしなかった。孫たちは泣いた。でも、その時の決断はまちがっていなかったと思う。だって、俺はドイツに行っても何もできない。テレビを見ても分からない。出かけてもドイツ語だらけ。子どもたちは仕事で家にいない。土日は家にいても、料理をつくるのに忙しい。ドイツではさびしい思いをする。

でも、ドイツから子どもたちが俺の家に来てくれる。長男は今は、65歳。長女は61歳。次女は56歳。そして俺は91歳（2018年現在）。孫もひ孫もいる。子どもとはロシア語で話すが、孫やひ孫はロシア語が分からない。聞いて分かるかもしれないが、話せない。もちろん、日本語は分からない。子どもたちが訪ねてきてくれ

る時は、とてもにぎやかだ。次女は日本にいる間、そうじや洗濯など、色々なことをしてくれる。それでも、子どもたちが帰ってしまえば、家の中はとても静かになる。今は、自分のことは全部自分でやっている。

　数年前までは俺も飛行機に乗ってドイツに行った。でも、今は目が良くない。ずっと、ものの形がゆがんで見える。膀胱がんにもかかり、手術もした。もう一人でドイツに行くことはできない。年に2回ほど、子どもたちが遊びにきてくれるのが楽しみだ。

　俺の運命を変えたのは、機関士時代の事故だが、子どもたちからは、「よく居眠りをしてくれた」と言われた。なぜかといえば、「居眠りをしてカザフスタンに行くことになったからこそ、私たちは生まれた」からだそうだ。

写真 3-5　自宅に飾られた家族の集合写真（ドイツにて）

コラム⑤ 抑留の背景と民間人抑留者の苦難

　抑留といえば、軍人関係者の抑留を思い浮かべるかもしれない。しかし、民間人も抑留の対象になったのである。ここでは抑留がなぜ行われ、どのような問題があるのかを見ていきたい。

　抑留の出発点は、スターリンの命令である。1945年8月23日、スターリンは日本人捕虜をソ連に移送し、労働力として使役することを命じた（「ソ連国家防衛委員会決定第九八九八」の署名）。ソ連軍の捕虜となった日本人将兵は61万1,237人にのぼる。この命令の背景には、ソ連側の戦争被害が挙げられる。ソ連はドイツとの戦争で国土が荒廃し、第二次世界大戦で亡くなった人の数は2,000万人を超えた。この数字は、世界のどの国よりも多く、日本の軍民合わせた犠牲者数約310万人と比べても圧倒的に多い。ソ連は第二次世界大戦を「大祖国戦争」と呼び、国家の存亡をかけてドイツ軍と戦った。ソ連軍は、1941年10月のモスクワ攻防戦で苦戦を強いられ、ドイツ軍がモスクワ南方165kmにまで到達した。最終的にこの戦いは、極東地域からの援軍と冬将軍の到来によって、ドイツ軍をモスクワから撤退させた。1943年には、独ソ両陣営が100万人以上の兵力を動員して戦い（スターリングラード攻防戦）、1944年からはウクライナ全土およびクリミア奪還作戦を開始する。そして同年1月には、約900日間続いたレニングラード（現サンクトペテルブルク）の封鎖を解除し、ドイツ軍を追いやった。このような攻防戦を繰り広げたソ連にとって、戦後の復興は急務であり、ドイツや日本の産業施設や物資を接収し、労働力を確保しようとした。そのため、ソ連にとって日本人の送還は視野になかった。ソ連にとって対日参戦は、大祖国戦争の延長戦であり、ソ連はヤルタ秘密協定に基づき、南樺太、千島列島、北方領土、満洲での鉄道・港湾などの権益を確保しようとしたのである。

　ソ連が国民経済復興のための労働力として日本軍将兵を自国に拘束し、抑留したことについて、ハーグ陸戦法規では、「平和克服の後は、なるべく

速やかに捕虜をその本国に帰還させる」（第20条）とあり、またジュネーブ条約では「捕虜送還は講和締結後ごく短期間で実施されなければならない」（第75条）と規定されている。サンフランシスコ平和条約が調印された1951年までに、ソ連に抑留された日本人捕虜の大分部は返還されたが、一部の捕虜は1956年の日ソ共同宣言調印によって返還された。富田（2016）は、ポツダム宣言に「武装解除後の家庭復帰」とあり、「武装解除後の家庭復帰」に期限が記されていないといっても、それを正当化することは無理があると述べる。ソ連による日本軍捕虜の扱いは、非人道的であり（貨車による家畜同然の移送、不十分な給食、冬服支給の欠如、栄養失調、虱の蔓延、寒さや伝染病の放置等）、1945〜46年に、酷寒と飢え、重労働で亡くなった人が最も多く出ている。全抑留期間の死亡者約6万のうちの約80%がその期間に亡くなっている。抑留者は飢餓、酷寒、重労働の「三重苦」に苦しみ続けたのである。

　ただし、抑留者は軍関係者だけではないことは、伊藤實さんの体験が証明している。「日本サハリン同胞交流協会」会長の小川岰一は、伊藤さんを始めとする旧ソ連カザフでの抑留体験をした方の証言をまとめている（『置き去りにめげずカザフスタンで生き抜いた同胞たち』）。同書には、阿彦哲郎さん（2019年現在、カザフスタン在住）や三浦正雄さん（2019年現在、日本在住）らの体験や、伊藤さんを交えた座談会が紹介されている。その中で、民間のカザフ抑留者は、三重苦どころではなく、四重苦であったと述べられている。つまり、四つ目は、いつ帰国できるか分からない「絶望的不安」であるという。カザフスタンに送られた人の中には、満洲北部のハルビン近郊で逮捕された家族も含まれ、今だに行方が分からないままの人がいる。また、民間人抑留者は軍関係者と異なり、集団で生活することはなく、個人間が切り離されて生活していたので、不安が一層募ることが指摘されている。お互いの消息を確かめることはできず、「日本人は随分死んだだろうけど、我々は切り離されているから分からない」というのが、阿彦さんの感想である。旧ソ連地域における抑留については、軍関係者だけでない。あまり知られていないが、民間人抑留者にも目を向ける必要がある。

『シベリア抑留　スターリン独裁下「収容所群島」の実像』を著した富田武は、従来の「シベリア抑留」概念を、ソ連による自国民の強制労働を土台に、地理的には「ソ連管理地域」に広げ、検討対象も民間人抑留者に広げた、抑留研究を展開している。その中で論じられるのは、南樺太居留民30万人にのぼる「島ぐるみ」抑留という考え方である。例えば、本書で紹介した戸倉冨美さんは、3年間無給で魚の缶詰工場で働かされた。その間、給与は一切支払われず、その後は、当局が働いた事実を認めないのだという。残留者の体験等を踏まえ、サハリンで起きた事象を抑留という観点から考察することも意義があるだろう。

「シベリア・モンゴル抑留犠牲者追悼の集い」に集まり、献花する人々（2018年8月23日、千鳥ヶ淵戦没者墓苑）

第4章

中国・サハリン帰国者の現在

　本章では、サハリン帰国者生徒の現在を、札幌市立大通高等学校（以下「大通高校」）に勤める佐藤千恵子さんへのインタビューを基に述べる。本章に登場する佐藤さんは、中国帰国者3世である。サハリン帰国者生徒を指導されてきた佐藤さんから、学校現場における帰国生徒の最新情報を伺った[7]。なお、北海道中国帰国者センターの取り組みについては、同センターの職員に話を伺った[8]。また、帰国児童・生徒が通う「ロシア学校」や「CaSA」については、基本的にはパイチャゼ（2018）を参照した。本章では、北海道を事例に、学校教育や社会教育等の観点から、中国・サハリン帰国者の現在を垣間見たい。

1．大通高校の取り組みと帰国生徒の現在

　サハリン帰国生徒が通った札幌市立大通高校は、生徒数 1,200 人規模の定時制高校である。一学年 12 クラスある。時間割は、午前の部、午後の部、夜間部に分かれ、午前は 30 人、午後と夜間は各 25 人ずつが学んでいる。不登校経験をもつ生徒や、15 歳から 20 歳前後までの海外にルーツをもつ生徒も在籍する。日本語を話せない生徒向けに国際クラスが用意され、春に 5 名、秋に若干名の特別入学枠があり、自分の母語で受験することができる。2018 年度には、中国、ロシア、タイ、ネパール、フィリピン、インドネシア、

100

コスタリカ、ボリビア、メキシコ、ウクライナ、ハンガリー、スリランカの 12 カ国にルーツをもつ生徒が在籍している。サハリン帰国生徒は 2017 年度に卒業し、2018 年度はいない。同校に勤める佐藤千恵子さんは、これまで計 5 名のサハリン帰国生徒を担当してきた。

開校当初、二人のサハリン帰国生徒が在籍したという。けれども、きちんとしたカリキュラムがなく、日本語教育も不十分だったこともあり、二人はサハリンに戻ってしまった。教育委員会もこれを問題視し、佐藤さんを含めた日本語チームが発足された。そして、道外の先進的な取り組みを学び、国際クラスや新たな部活動が作られるようになった。学校に新たな体制ができると、生徒の退学もなくなった。

佐藤さん自身は、中国帰国者 3 世である。佐藤さんのいとこも日本に帰国したが、中国で中学校を卒業していたため、日本の高校に進学できず、職場にいても日本語がなかなか上達しなかったという。

サハリン帰国生徒 5 名のうち、2 名は大学に進学し、1 名は専門学校に通った。開校当初に退学した 2 名は、3 年後に復学したが、仕事の関係で再退学した。様々な生徒を見てきた佐藤さんからすれば、ロシアルーツの帰国生徒は、「学校に馴染む」のが最も難しいように見えた。自己主張をして、生徒同士や、先生と「やり合ったり」して、その調整の難しさを感じてきたという。また、サハリン帰国生徒にとっては、日本人が自分の意思を隠して言わないことがもどかしく、「日本のここが嫌い」、「サハリンに帰りたい」と話し、その結果、「周りが引いて」しまうこともあったという。卒業後は、サハリン帰国生徒の皆が、ロシア人男性と結婚している。その点からも、日本に馴染まなかったのではと話す。

サハリン帰国生徒が意欲的に取り組んだのが、遊語部の活動（部活動）である。遊語部では、海外ルーツの生徒の文化をお互いに学

ぶ取り組みがある。部員が「講師」になって他の部員に「講師」の文化を教え、それぞれの文化を大切にする。活動中に講師が強く指導しても、部員はそれを受け入れる土壌があるので、人間関係もよくなる。サハリン帰国生徒がロシアダンスを指導していた時は、大変生き生きしていたという。

　佐藤さんは、自身の経験から、サハリン帰国生徒を含めて、海外ルーツの生徒と接する際に気をつけていることがある。それは、その生徒の言いたいことをその生徒が表現しやすい言葉で聞こうとすることである。例えば、英語の方が言いやすいなら、英語で聞くというようにしている。というのも、佐藤さんは、日本語のできなかった時期に、友達と喧嘩して、自分の言いたかったことを教員に聞いてもらえなかった経験がある。子どもの頃、教科書を開いて、「けんかした」の文章を見つけて、「これ」と指さすしかなかった。けれども、当時の教員は、日本人生徒の言うことだけを聞いて判断した。この経験から、佐藤さんは「生徒の話せる100％を引き出して聞こう」と考えている。

　帰国生徒の場合、日本語ができないことや、文化の違いから来るストレス、進学先や将来への不安をもっている。進学に関しては、言語能力など「今まで培ってきた財産がない」。奨学金制度も保護者の理解が必要で、進学に関しては、日本語での情報収集が不可欠だが、保護者も子どもも情報量は少なく、不安をもっている。帰国者枠はあるのか、入学してからついていけるのか等を考えながら、指導している。

2．帰国者を支える教室・学校

　ここでは、帰国者を支える教室として、北海道帰国者センターの日本語教室と、「ロシア学校」や「CaSA」、そして、大通高校について取り上げる。

2018年度現在、北海道帰国者センターには、日本語教室が全部で13クラスある。夏休み期間中は、帰国者が孫に会いにいくなどで、生徒数が少なくなることもある。帰国者にとってのサハリン滞在は、大切な「充電期間」である。

写真4-1　サハリン帰国者向けの授業の様子

　帰国者対象の日本語教室では教材が重要になる。帰国者の周りには、どうしても帰国者が集まり、ロシア語や中国語が話され、日本語能力が伸びていかないことがある。また、教室に通う学習者は、学齢期の子どもではなく、高齢者であるので、生活に必要な日本語教材が求められる。したがって、日本語教材には、医療・介護等の場でも使えるような言葉を入れるなどの工夫がなされている。そのような教材は一般に市販されておらず、センター独自の開発が求められる。北海道帰国者センターでも作成するが、多くは首都圏センターで開発されたものを使っている。同じ教材を使うと「これ、もうやった」といって飽きられるので、新しい教材の開発が必要となる。近年は、帰国者1世の高齢化に伴い、通学が難しくなったり、介護施設に通うようになってしまったりして、受講者数が減ってき

ている。また、最近では、健康維持の取り組みに関心を寄せる帰国者が増えており、センターでは、健康教室とからめた日本語教室を開講するなど、受講者のニーズを踏まえた授業が検討されている。

帰国者1世の高齢化を受けて、日本語よりも、健康維持の取り組みにシフトした方がよいという意見も聞かれるが、現場では日本語教室のニーズは依然として高い。帰国者にとって、日本語教室は、やりがいを感じる場所である。授業開始の1時間前から教室に入り、授業後は宿題がほしいと先生に頼むなど、学びたい気持ちが強く見られる。学びの背景には、日本語が話せないことに対する恥ずかしさがある。つまり、日本人なのに、日本語が話せないのは恥ずかしいという気持ちである。中国帰国者の中には非識字者もおり、子どもの頃、中国での生活が貧しくて、学校に通えなかった帰国者もいる。だからこそ、教室で勉強することは自分の尊厳を回復することであり、生きがいにもなっている。センターでは、帰国者が充実した気分と達成感を得られるような日本語教室の在り方を検討し、帰国者に提供している。

次に、「ロシア学校」や「CaSA」についてである。パイチャゼ（2018）によると、札幌市における外国人・帰国者の児童生徒への学習支援は「公式」、「準公式」、「民間」の三つのサポートがある。一つ目の「公式」サポートは、行政によるもので、教育委員会の加配教員制度や公共施設での日本語教室が相当する。二つ目の「準公式」サポートは、教育委員会から委託されたボランティアグループによるもので、「札幌子ども日本語クラブ」などが相当する。三つ目の「民間」サポートは、外国人コミュニティから依頼を受けて学習支援を行うもので、「ロシア学校」や「CaSA」が相当する。

この「ロシア学校」は2001年に土曜日の教室として開かれ、現在、ロシア人コミュニティによって運営されている。母語、継承語、第2言語としてロシア語を学ぶ子どもが在籍する。毎年50名前後の子どもが在籍し、2016年度は5人の教師が、ロシア語を用

いて、ロシア語、ロシア文学、世界史、美術等を教える。

「CaSA」は、2008 年に設立された市民団体 NPO である。「CaSA」は、Child-assist Sapporo Association の略で、外国人や帰国者の子どもと保護者、日本人の子ども・教員・保護者への双方向的なサポートを目的にしている。「CaSA」の授業には、日本語支援、学習支援、受験サポートの 3 つのタイプがあり、学習者に合わせて、基本的に一対一形式で行われている。2008 年から 2016 年までにサポートした子どもは 34 名にのぼり、内 25 名がロシア出身である。その 25 名の内の 16 人がサハリン帰国者である。サハリン帰国者は、来日時期も日本語能力も様々で学習者に応じて支援するという（パイチャゼ 2018: 52）。

北海道帰国者センターでも、「ロシア学校」や「CaSA」でも、共通して言えるのは、上のような取り組みの背景には、同じ文化的背景や経験をもつ人々が関わっているということである。北海道帰国者センターで教務主任をしているのは、中国帰国者 3 世であり、相談員も中国帰国者 2 世が担っている。また、「ロシア学校」や「CaSA」には、パイチャゼさんが関わっている。大通高校の場合、教育体制を整えた佐藤さんもまた、中国帰国者 3 世である。

佐藤さんの取り組みから言えるのは、相乗効果で誰もが過ごしやすい場（学校）をつくっているということである。佐藤さんは、帰国者としての経験を活かしながら学校運営に携わり、また、その学校に集う海外ルーツの子どもからも影響を受け、結果として、生徒にとっても教員にとっても双方が過ごしやすい場を形成している。

具体的に、佐藤さんの経験を紹介したい。佐藤さんは、12 歳まで中国で暮らしていた。帰国当初は札幌に住み、学齢期を下げて小学校 4 年生に編入したという。ちょうど運よく中国語の話せる教員がいて、取り出し授業をしてくれたが、父の仕事の関係で、学年半ばで小さな町に移ることになった。その小さな町の教育委員会の判断では、学齢期は合わせなければならないとして、佐藤さんは 6

第 4 章 中国・サハリン帰国者の現在　105

年生に編入された。4年生から6年生への突然の「飛び級」である。6年生の教室では、勉強が追いつかず、日本語も分からず、つらい思いをしたという。その小さな町の生活も、父の仕事の関係で途中で終わり、再び札幌に戻り、6年生の教室に入る。そして、そのまま中学校に進学する。佐藤さんは、中国では8歳時に小学校に入学し、4年生まで在籍して来日したので、結局、中国でも日本でも5年生は経験することがなかった。小学校で体験した佐藤さんへのいじめは、中学校に入ってからも続き、その原因は、自分が中国人で、日本語が通じないからだと考えた。いじめがつらかったからこそ、日本人になろうと、日本語の習得を頑張った。そして、自分のルーツを隠しながら、「普通の」日本人として生きようと決めたのである。けれども、大通高校の一員になって、自分のルーツに自信がもてるようになったという。というのも、大通高校は、海外ルーツの生徒がたくさんいて、その生徒たちを教えるためには、まずは自分が自分を認めないといけないと考えたからである。そして、佐藤さんは自分のルーツに前向きになれたという。

　時折、生徒から「先生って中国人なの？　日本人なの？」と聞かれることがあるが、その質問には、容易には答えられないと佐藤さんは考えている。国籍は日本、でも文化は両方、アイデンティティも両方であり、その場に応じて答えるようにしているという。大通高校に通う子も、同じような葛藤を抱えていると感じているが、大通高校は、海外にルーツがあるということが、逆にアピールができる。つまり、大通高校には「海外ルーツ＝素晴らしい！」があるという。

　佐藤さんは、可能なら、ずっとこの学校にいたいと話す。というのも、この学校には、様々な留学チャンスやプロジェクトがあるからである。生徒の意欲を受けて、生徒とともに活動し、生徒を送り出すのが大通高校のスタンスである。みんなが同じことをしたり、勉強あるいは部活だけに集中したりするような生活は求められな

い。この学校には、中学校で挫折の経験を味わっている生徒もいるが、大通高校は、チャレンジしたい時にチャレンジのできる学校だという。一例として、大通高校には、小学4年生から不登校になった生徒がいる。その生徒が、この学校には、同じ経験をもつ人がいて、痛みを分かってくれる人がいることを綴り、北海道新聞に投稿し掲載された。大通高校には「不登校生徒」が「皆勤生徒」に変わる力があるという。

このように、大通高校の魅力は、帰国者を含めた海外ルーツをもつ子どもへのサポートだけにあるのではない。日本人生徒にとっても過ごしやすい場所を形成している。不登校だった生徒も毎日登校したくなり、先生自身も勤め続けたいと思うようなるような学校づくりに、その魅力がある。そのような場づくりこそが、帰国者を支える教室・学校ではないだろうか。

3. ある中国帰国者1世の願い

ある中国帰国者1世（Bさんとする）は、2019年3月16日に、大橋晴美さんの「日本と中国の狭間で」という講演（NPO法人中国帰国者の会主催）を聞きに行った。大橋晴美さんは、1970年中国遼寧省生まれの中国帰国者2世である。戦後、晴美さんのお父さんは中国東北地方に取り残され、やがて中国人の妻と結婚する。お父さんと晴美さん一家は、1978年に長野県に帰国し、晴美さんは、現在、長野県の公立中学校で英語教諭をしている。講演後、Bさんは、講演の感想を書いた。以下は、その感想文である。講演内容については、以下の文章から推察することができるだろう。また、帰国者1世であるBさんが自分の子ども（2世）に何を期待してきたのかが見えてくる。そして、帰国者2世が悩み、抱えてきたことを、Bさんがどう受け止め、何を願うのかが映し出されている。

2019年3月16日、私は三鷹市で、中国帰国者大橋晴美さん（2世）による「日本と中国の狭間で」と題する講演を聞きました。講演内容は、自らの体験を基にされたもので、人間の心や考え方、生活習慣などは簡単には「入れかえ」られない、というものでした。私にはとてもいい勉強になりました。

　晴美さんのお父さんは、開拓団の家族として満洲に渡ったお一人で、5歳の時に終戦を迎え、現地の中国人に救われました。やがて成人になり、中国人女性と結婚し、4人の子どもをもうけました。晴美さんはその末っ子でした。

　1978年、晴美さんが8歳の時、お父さんは家族を連れて帰国し、長野県に永住しました。晴美さんの兄弟はみな、日本の学校に入学し、日本語の勉強に励みました。晴美さんは聡明で、勉強がよくできました。

　晴美さんは成長していく中で、次第に、自分の家族に対する愛情が薄れていくようになりました。その理由は、自分の家族が中国と切っても切れない関係にあり、家を離れたい、何から何まで自分のすべてを日本のものに「入れかえ」たいと考えたからでした。

　高校入学を機に、自分や家族の中にある中国との切っても切れない関係を隠し続けました。高校を卒業し、大学に入った時、一応は日本人になれたと晴美さんは感じていました。しかし、晴美さんの内心は別にあって、外見上、成りすましていただけでした。大学には中国人留学生が多くいました。晴美さんは中国人留学生に、中国語で声をかけたかったのですが、自分の隠し続けてきた秘密がばれることを恐れ、できませんでした。晴美さんは講演の中で、あの時の辛い思いを振り返っていました。

　晴美さんは、大学卒業後に、中学校教師になりました。あ

108

る日のことです。ベテランの先生が、何気なく、晴美さんや周りの先生たちに、「長野県は中国からの帰国者が一番多いです。帰国者の子どもたちは日本語や日本の生活習慣になじめず、困っているそうです」と話しました。その時、自分だけでなく、自分と同じ境遇にある子どもがたくさんいることに気づき、晴美さんはショックを受けました。そしてこれを機に、「実は私も中国から日本に来ました。同じ悩みを体験しました」と話すようになりました。

　公の場で、自分をさらけ出した後、快い気持ちを感じ、ほっとしたそうです。その日から、晴美さんは、もっと中国語を勉強して、帰国者の子どもたちの役に立ちたいと思いました。中国の有名な大学へ3年間留学し、中国語や中国の文化をたくさん習得し、堂々と教壇に立ち、帰国者の子どもたちの悩みを解決することに奔走し、教育者として貢献しました。

　私が晴美さんの講演を聞いて、印象深く残ったのは、晴美さんが発した「人間は入れかえることはできません」の一言です。晴美さんは、高校や大学に在学中、自分を「入れかえる」ため、自分らしい自由な生き方はできませんでした。感情を抑え続けた苦痛な青春時代を過ごしたのです。

　私自身は、帰国者一世です。平成の初め頃、家族と共に日本に永住しました。その日から、私は子どもたちにこう期待していました。「一日でも早く周りの日本人を手本にして、日本人になって、幸せで暮らしてほしい」。私の子どもたちに対するこのような期待は、今、考えてみれば、晴美さんのいう「入れかえ」と本質的に同じです。

　子どもたちは、周りの日本人の言動や考え方などをよく見習ったと思います。次第に、子どもたちは、私のことを「日本人のやることと違う」と指摘するようになりました。私は、

その時、怒るのではなく、逆に子どもたちの「入れかえ」が進んでいる証拠だと思いました。そして、内心は嬉しく思いました。

　二、三年前のことでした。私の長女が自分の夫と一緒に、中国にある彼の故郷へ行きました。短期滞在をして、日本に戻って来ました。二人は、中国で体験したことや見たことなど、懐かしく振り返りながら楽しそうに話していました。私は頻繁に見る長女夫婦の様子から「せっかくここまで日本人のように"入れかえ"たのに、中国に行って、また、逆戻りをしたのではないか？」と思いました。

　私の子どもたちは中国で生まれ、来日後、日本国籍を取得しましたが、二十年以上中国で暮らしています。子どもたちには、身に付いた中国の生活習慣や、中国人の優秀な美徳、例えば、親を大事にすること、苦労に耐える力があること、親戚や友人と親睦することなどを日本でも、保持してほしいと思います。当然、日本社会のルールや法律も守るべきです。これは「入れかえ」と本質的に違うと私は考えています。

　いい人間、悪い人間の本質は、生まれつきではありません。成長していく環境の中で、自主的に選択し、身についてくるものだと思います。国によって人間のよさ、悪さが決まるわけではなく、人間には国境がないのです。人類の歴史は国境を越えて、互いに真、善、美、或いは文化、芸術、技術等を交流し、学び合い、今日の時代に至ったのでしょう。日中両国の過去の歴史がそのことを示しています。今の時代は、共存し、共に進歩していく時代になりました。

　日本はあの戦争中、「満洲」で中国人に対し、強制的に日本語を勉強させました。このように強制的に「入れかえ」させようとした結果、対日不満を招きました。これも日本の歴史に残された教訓です。人間を「入れかえ」させることは、

110

あまりにも古いもので、私は捨てるべきだと考えます。

　晴美さんの講演を聞いて、私はよく考え、反省しました。このような人間の「入れかえ」は、歴史を逆戻りさせる危険性があると認識しました。これからは、子どもたちに「入れかえ」を要求するのではなく、子どもや孫たちのよいところを残しつつ、日本のよいところ、例えば、人に迷惑をかけないこと、清潔であること、仕事に対する真面目さ、などを自主的に学んでほしいと思います。そして、日本と中国の間を自由に行き来し、交流を深めてほしいと願います。

　上の文章は、私たちが住む社会の「見えない同化圧力」を可視化させ、国籍や民族にとらわれない人間性を問うている。また、日本人になろうとすることや、日本人にさせようとする周囲の圧力は、歴史的に誤ったことであると指摘する。かつて「満洲」と呼ばれた地域に長く住み、帰国者1世を生きるBさんならではの視点が表出しているといえる。

4．韓国に帰国したサハリン残留日本人の事例

　サハリン残留日本人の中でも、韓国に帰国した人たちもいる。玄武岩（2016: 234）は日本と韓国の間の帰国への制度的な差異によって、「サハリン残留〈日本人〉〈朝鮮人〉の多くは、日本人・韓国人としてのみでは捉えきれない日韓ロにまたがるトランスナショナルな『本国帰国者』という問題領域を提供している」と述べる。このことは、日本に住むサハリン帰国者だけでなく、韓国に住む帰国者にも当てはまる。

　韓国では、永住帰国が認められるのは、法律的に大韓民国の国籍を有するとみなされる「戦前生まれの1世」に限られている。日本赤十字社の協力事業により、2年に1度、帰国者はサハリンへの一

時訪問の支援を受けることができるが、基本的に、韓国での永住帰国は、息子・娘と一緒に暮らせないという選択を迫られることになる。サハリン残留日本人である寺山八重子さん、松本和子さんは、どのような経緯で韓国に住むことになったのか。二人の体験と韓国に永住帰国するまでの経緯を本人の視点で以下に紹介する[9]。

写真 4-2　お二人が現在住まれている建物（韓国）

(1) 寺山八重子さん

　私は、1943 年の樺太生まれです。父母がどのような経緯で、樺太に渡ったのかは分かりません。父親がソ連当局に連行され、母親は生活に困り、当時 5 人いた子どものうち、2 歳にならなかった私を朝鮮人夫妻に預けました。1947 年に母が引揚げる時に、私を迎えに来たそうですが、養父母には、私以外の子どもがいなかったため、養父母は私を手離しませんでした。結局、母は私をサハリンに残し、他の子供を連れて帰国していきました。

　私は、養父母に大事に育てられました。養父母との思い出は、いい思い出ばかりです。終戦後の暮らしは大変厳しかったのですが、養父母はいつも食べ物をくれ、本当によくしてくれました。朝鮮学

校に通っていた時も、特に困ったことはありませんでした。家では朝鮮語を話していましたし、言葉で苦労することもありませんでした。

　6歳になった頃、近所のおばさんが、私に「あなたはもらい子だ」といったことがあります。私はそのことを養母に確認したところ、養母はそれは嘘だと言い張りました。その後、養母は近所のおばさんのところへ喧嘩をしに行きました。私自身、自分は養父母の本当の子どもだと思っていました。周りからも朝鮮人と思われていましたが、大人になるにつれて、特に結婚した後は、自分は日本人ではないかと思うようになりました。というのも私は、18歳の時に結婚しましたが、本当の親に育てられていたとすれば、そんなに早く結婚はしていなかったと思います。私は、養父母に早く結婚しなさいと言われて、お見合い結婚をしました。

　1985年に養母が亡くなり、1990年に養父が亡くなりました。養父が亡くなる前に「お前の両親は日本人だ。名前は寺山八重子だ。お前の父親はソ連に連行され、暮らしに困った母親がお前を養子に出した」と話してくれました。その時、自分のことがはっきりと分かったように思います。

　その後、私は、当時のサハリン日本人会に相談をしに行きました。そして、日本に一時帰国することができました。1992年、コルサコフから稚内へ船で渡りました。その時にラジオやテレビのマスコミに囲まれ、通訳を介して、「どうして日本のお母さん方は、私を、そして私以外のたくさんの子どもを置いていったのですか。私は私の兄弟とパンを分け合いながら一緒にいたかったのです。なぜ、私たちを置いていったのですか」と自分の心境を語りました。その時、私の傍にいた人が「あなたを置いていったから、食べ物がもらえたんだ」と言いました。私はそれに対し、「私は、なぜ私に聞かないで置いていったのかということが言いたいのです。私だけではありません。サハリンにはそんな子どもがたくさんいたんで

第4章　中国・サハリン帰国者の現在　　113

す」と言いました。このやりとりは、放送局にまだ残っているかもしれないし、もうないかもしれません。

　私は、その後も何度か日本へ一時帰国をしましたが、どうしても親族は見つかりませんでした。そのたびに、周りの日本人をみて、「この人は私のお兄さんかな」、「お姉さんかもしれない」と思っていました。でも、もう、誰もいません。あきらめました。もらってくれた養父母もいないのです。私は一人ぼっちです。

　私は、本当の家族が樺太を出ようとした時に、爆撃か何かで亡くなったかもしれないと考えています。だとしたら、だからこそ、養父母が育ててくれたことは本当にありがたいし、感謝につきます。

　私は2009年に韓国に永住帰国しました。養母が韓国に帰りたいと強く願っていたからです。また、夫が病気になり、韓国に帰ればよくなるのではないかと思ったからです。私自身は、韓国に行きたいという気持ちはありませんでした。私にすれば、自分の本当の親は日本人なので、韓国ではなく、日本に帰りたいという気持ちもありました。でも、夫のため、養母のために韓国に来ました。そして、夫や養母のことを考えるうちに、自分の気持ちは徐々に変わってきたと思います。ただ、韓国に帰国しても、夫の親戚とは、ほとんど会えず（遠いのと夫の身体が弱いため）、養母の親戚は結局見つかりませんでした。

　それでも、韓国へ永住帰国してよかったと思います。なぜなら、今も夫は生きているからです。また、病院ですぐに診てもらえることもよかったことの一つです。サハリンでは診察のために、朝早く病院に行かなければいけません。血をとっても結果が出るまで何日もかかります。それが韓国だとすぐにわかります。来韓して間もなく、いろんな人に頼んで、夫は心臓の手術をすることができました。そして夫はその後、1年間入院しました。今も生きていることからすれば、韓国に来て本当によかったです。

　現在、私たち夫婦には子どもが4人います。孫もいます。一人

はユジノサハリンスクに住み、他の三人はトマリに住んでいます。1年に1回、3カ月間、私はサハリンに行きます。次男の嫁が亡くなったため、小さい孫の面倒をみるためです。子どもも孫も韓国語は話せないので、子どもたちが韓国で住むことは考えられません。韓国に永住した後に日本に行ったことはありません。でも、私の心のふるさとは日本です。一回でもいいです。日本に一時帰国したいです。

（2）松本和子さん

　私は、1944年の樺太生まれです。父は朝鮮の人、母は日本の人です。父は専門学校を出ており、母のことが大好きで、結婚させてほしいと頼み込みました。母の両親も、父はしっかりしている人だからと同意しました。電気技師だった父は、戦後、ソ連当局に連行されてしまいました。1947年のことです。私が2歳の時のことです。

　その時に一緒にいた母の兄（伯父さん）は、同じ年に「疎開」しています。それでも、伯父は、一度、北海道から樺太まで、迎えに来てくれたことがあったそうです。いつかははっきりとしないのですが、母によれば、寒くなった頃、海の波が高くなってきた頃に、伯父は小さな船に乗ってサハリンにやって来たそうです。そして、母と私を含めた3人の子どもを一緒に連れて帰ろうとしました。けれども、父方の父母（和子さんの祖父母）の強い反対にあい、結局、母は残ることに決め、父の帰りを待つことにしました。伯父はそのまま北海道に帰っていきました。

　その後、帰ってくるか分からない父を母は待ち続けました。母は父がいない間、本当に苦労しました。祖父母は母に厳しく、私以上に朝鮮語も勉強しました。

　1955年に父はシベリアから帰ってきました。父はシベリアから解放される時に、日本に帰りたいか、北朝鮮に帰りたいか、サハリ

ンに戻りたいかと聞かれたそうです。父は、サハリンを選択して戻ってきました。父は腕のよい電気技師として、サハリンの電気事業に貢献しました。韓国系の電気技師として、その地域では有名人でした。その父も1963年に亡くなりました。

1956年の日ソ共同宣言後、引揚げのチャンスがあったことについては、母は知らなかったようです。私は、父が亡くなった翌年の1964年、大学2年生の時に、大学教員から「あなたのお母さんは日本人か。あなたたちは、日本に帰らないのか」と言われました。私はこれを不思議に思い、母に尋ねましたが、母は、そんな話は知らないと答えた。亡くなった父が知っていたかどうかは分かりません。ただ、父はサハリンに父母を残して日本には行かないと思います。

父の死後、母は再婚します（66年）。私にとっては、この2番目の父と過ごした時間の方が長く、この父も、とてもいい父でした。

私の夫の生まれは、朝鮮半島南部です。樺太に渡ったのは、まず夫の父（義父）が北海道で働き、その後に樺太に来て炭鉱で働きました。そして、朝鮮半島に残っていた義母が当時5歳の夫と2歳の妹を連れて義父を探しにきました。けれども、義母が北海道で探している時に、夫の2歳の妹が亡くなりました。義母は夫の妹の骨を埋めるため、朝鮮半島に一度戻りました。戻った後、再び内地に渡り、45年5月に樺太で義父と再会しました。ちなみに、義母はその時、日本語は話せなかったそうです。ようやく夫の家族は一緒になれましたが、8月になって疎開命令が出て、義母と夫は大泊まで移動しました。けれども、時すでに遅しで、海を渡ることはできませんでした。

夫は、ロシア学校を出た後、空軍の学校に入り、その後、退職まで空軍で勤めました。1990年、夫は韓国に一時帰国します。ほとんどの韓国人はまだ帰国していなかった時期ですが、夫は他のソ連空軍関係者4人と一緒に帰国することができました。その前に、

私たち夫婦は韓国からきた知事とサハリンで会っていまして、夫は1990年の一時帰国で、その知事と再会することができました。知事は夫の伯父を探し出してくれていました。そのため、夫は、ホテルで待っていた伯父さんと再会することができました。

伯父はどちらかといえば貧しい暮らしをしていましたが、私たち夫婦にとてもよくしてくれました。済州島にも連れて行ってくれました。また、私が日本に一時帰国した際には、日本の親戚にも親切にしてもらっています。このようなケースはサハリン残留者にはあまりないのです。

私の母親は、一度、日本への永住帰国のための書類を書いたことがあります。私の母親の口から永住帰国の話が出たわけではありません。当時、ソ連社会はペレストロイカが始まり、仕事がなくなり、生活にとても困っていた時期でした。私から永住帰国の話をもちかけ、私の母親は書類を書き始めました。書き上げてから、「やはり、もう少しよく考えてみなさい。あなたたち夫婦は本当に苦労するのよ、まったく違う社会体制の中で暮らすのは本当に大変だよ」と話しました。戦後のソ連社会を生き抜いてきた母だからこその言葉であり、結局、母の考えに賛同し、日本への永住は考えなくなりました。

結果として、永住帰国を断念したことはよかったと思います。その後は、縁あって日本人と一緒に仕事もできました。それがきっかけで日本語も話せるようになりました。当時は、日本語は聞いてわかるけれども話せませんでした。けれども、日本レストランの店長をする中で、日本語を勉強しなおし、次第に話せるようになりました。

韓国に永住を決めたのは、夫ががんにかかったからです。サハリンの医療では夫は長く生きられないので、夫のために韓国に来ました。その判断はよかったと思います。おかげで夫は今も生きています。私自身は、韓国に永住したいと思ったことはありませんでし

た。永住手続きの最後の日まで、あまり気が進まず、結局、周りの友人が手続きをしてくれました。

　現在、年金はもらっていますが、土地代を払ったり（安山ではその必要はなく、なぜ金浦では払わなくてはいけないのか分かりません）、光熱代、食費等を差し引けば、あまりお金は残りません。

　私たちが韓国に来られたのは、日本政府のおかげです。私たちも永住帰国できました。いい家にも住んでいます。ただ、日本に帰国した人と韓国に帰国した人では待遇が違います。日本では自分の子ども一人は一緒に連れて帰れます。でも韓国ではそれができません。その点は「気持ちが痛い」です。なので、私は、子どもたちのいるサハリンによく行きます。

　私は、日本政府に、ありがとうと言いたいです。日本と聞けば温かい気持ちになれます。日本の教育は素晴らしいと思っています。私は、母からその教育を受けてきました。そしてそれを子どもに伝えています。日本の教育で最もすばらしいのは「我慢」だと思います。日本人は我慢強い。我慢していればいつかは開ける。そのことを母は教えてくれました。私はそうやって生きてきたし、子どもたちにもそう教えてきました。日本に一時帰国できるようになれば本当にうれしいです。若い人には、サハリンの歴史を知ってほしい、日本人の、特に私の母のような、私たちの上の世代の人たちが、かつて苦労したことを知ってほしいと思います。

第Ⅱ部

次世代に伝える──学校教育の中で

中国・サハリン残留日本人学習の展開

1. 社会科教科書の中の「中国・サハリン残留」

　学校教育の中で、「中国・サハリン残留」に関わることは、どのように取り上げられてきただろうか。そして、現在、どのような記述がなされているのだろうか。

　そこでまず、（1）全国的に採択率の高い東京書籍の小・中学校社会科教科書を取り上げ、記述の変遷とその背景を明らかにする。次に、（2）現行の小・中学校社会科教科書を複数取り上げ、記述の傾向を明らかにする（本書「資料3」「資料4」参照）。

（1）小・中学校社会科教科書に見る記述の変遷

　ここではまず、小学校、中学校の順で、「中国・サハリン残留」がどのように記述されてきたかを明らかにし、そのうえで、記述の背景を考察する。

　小学校で中国残留が取り上げられるようになったのは、90年代に入ってからである。初出は、1992年検定済の教科書（以下、「検定済の教科書」と略す）で、「中国から引きあげてきた孤児たち」の写真とともに「中国には、日本に帰ることのできなかった孤児が、まだ、おおぜいいます」と記された。また、「中国残留孤児楊さんの話」として、戦争体験と残留の経緯が紹介された。中国残留孤児

を伝える写真は、現在に至るまで掲載されているが、「楊さんの話」のような戦争体験については、2000年以降は見られなくなる。

　他方、中国残留の歴史的背景となる満洲移民や満洲開拓については、2000年以降に取り上げられた。まず、2000年に、「満州の土地の開拓」の写真が掲載された。次に、2005年には「満州へ移住した人」という写真が掲載された。しかし、これらの写真についての説明は見られない。2012年に、「満州へ移住した人々」という写真が掲載される。これに対しては「日本の支配を確立するために、多くの人々の満州への移住が進められました」という説明が付け加えられるようになった。現在（2014年以降）は、「満州移住をよびかけるポスター」と「中国残留孤児となった人たち」の各写真とともに、「こうしたよびかけは、全国各地で行われました」、「満州に移住した人々の中には、日本に帰れず中国に残された人が多くいました。今でも肉親探しが続けられています」という説明がなされている。

　次に中学校の社会科教科書である。中学校では、1950年代から、満州の開拓や引揚者の様子（1952年）が記された。特に引揚げについては、現在に至るまで記述されている。1981年に、「日本の政府は、農民を集団で満州に入植させた。しかし、そのために満洲の農民から土地を強制的に買い上げたりして、住民の強い反発をうけ、多くのぎせい者をだした」（脚注）と記され、類似の説明は1993年の教科書までなされた。1987年からは「『満州』から引きあげてきた孤児たち」という写真が掲載され、「もと開拓団の人々の間では、家族がはなればなれになるなどの悲劇が各地で起こった」という記述（脚注）が見られた。1997年の教科書からは、「満蒙開拓青少年義勇軍」に関する写真が掲載され、「軍部と政府は、満州への移民をよびかけました。不況のため貧困にあえぐ地方では、広大な満州で自作農になることを夢見て、村民の半分もの人々が集団で移住することも少なくありませんでした。そのあと、移民の確保がむずか

第5章　中国・サハリン残留日本人学習の展開　　121

しくなると、今の中学生・高校生に当たる少年たちを「義勇軍」として募集するようになりました」という説明が付け加えられた。だが、2000年以降は、満蒙開拓青少年義勇軍の写真も説明もなくなり、「戦争孤児たち」という写真と、その写真に対する吹き出しのみとなった。2013年になると、「大陸から引きあげてきた子どもたち」「中国残留日本人孤児」の各写真、「復員と引きあげの状況（厚生労働省資料）」の地図、シベリア抑留や中国残留孤児について記した本文や脚注が掲載されるようになった。2015年の教科書は、上の写真、地図、本文や脚注に若干の変更を加えながら、「満州への移民（上：1941年）と募集するポスター」の写真が追加されている。2015年には初めて本文に「日本が支配した満州国には、軍事的な目的もあって、日本からの移民が進められました」と記されるようになっている。

　以上、見てきたように、中国残留の記述が登場したのは、1990年代の小学校社会科教科書が始まりである。中国残留孤児が紹介されるようになった背景として、80年代の残留孤児に対する帰国支援やメディア等の動きが関係しているだろう。つまり、残留孤児対象の訪日調査が81年に始まり、89年には特別身元引受人制度ができるなど、残留孤児の帰国支援が制度的に進められた。加えて、86年に井出孫六の『終わりなき旅』が発表され、87年に山崎豊子の『大地の子』の連載が始まるなど、残留孤児に対する注目が高まったのである。だが、その追い風は1994年の「支援法」の成立によって収束し、2000年以降になると、小学校でも中学校でも、中国残留の記述は見られなくなっていく。そして、中国残留の体験に代わって、「満州の土地」、「満州へ移住した人」、「満州へ移住した人々」といった写真が掲載されるようになった。

　中学校では、1981年から、日本の政府が農民を満洲に入植させたことや満洲の農民から土地を強制的に買い上げたりしたことなど

122

が記された。80年代といえば、地方自治体の平和への取り組みが見られるようになり、マスコミが日本の加害体験を取り上げるようになった時期である。80年代から90年代にかけて、中曽根康弘元首相による靖国神社参拝を見送る表明（85年）や、村山富市元首相の「植民地支配と侵略によって、多くの国々、とりわけアジア諸国の人々に対して多大な損害と苦痛を与え」たことの反省とお詫びを表明する談話（1995年）が出された。90年代の教科書には、満蒙開拓青少年義勇軍の写真と「軍部と政府は、満州への移民をよびかけました」に始まる説明（1997年）がなされるようになるが、そのような写真も説明も、2002年になくなる。また、1987年以降続いていた、「終戦直前の満州の混乱が激しく、家族離散が各地で起こった」とする記述も2002年になくなる。2002年というのは、時期的には、中国残留孤児や残留婦人が国家賠償を求めた「中国残留孤児裁判」が始まった頃である。つまり、中国帰国者の戦争・残留体験や帰国後の暮らしが理解されず、社会的に孤立した時期と重なる。同裁判は、2007年に政治的決着がつけられるが、裁判後の2013年以降、中国残留関連の記述が復活したという点では、裁判を通して訴えられたことが教科書にも反映されるようになったといえる。

　総じていえば、小学校にかつてあった中国残留体験の紹介は、現在のところ、小学校でも中学校でも見られない。また、一時期見られた、中学校における、満蒙開拓青少年義勇軍の説明は、現在のところ見られない。満洲移民について本文で取り上げられるようになったのは、中学校の教科書で2015年以降である。サハリン残留に関する記述は、現在に至るまで見られない。

（2）現行の小・中学校社会科教科書に見る記述の傾向

　中国・サハリン残留日本人の置かれた社会状況を学ぶのは小学校6年生が最初になる。現行の小学校社会科教科書ではどのような記

述の傾向があるだろうか。先述の東京書籍版も含めた教科書には以下のように記述されている。以下、【　】は、本文、脚注、写真、グラフ、表、課題、などの引用元の形式を表し、写真やコラムの後にはゴチック体でそのタイトルを示す。『　』は教科書名を、「　」は引用元の見出しを表す。なお取り上げた教科書はすべて2014年検定済である。

【写真】**満州移住をよびかけるポスター**　こうしたよびかけは、全国各地で行われました。

【本文】満州にソビエト連邦（ソ連）軍がせめこみ、やがて樺太南部、千島列島にもせめこんできました。8月15日、日本はついに降伏し、アジア、太平洋の各地を戦場とした15年にもわたる戦争が、ようやく終わりました。

【写真】**中国残留孤児となった人たち**　満州に移住した人々の中には、日本に帰れず中国に残された人が多くいました。今でも肉親探しが続けられています。

（6年、「長く続いた戦争と人々のくらし」東京書籍）

【写真】**満州にわたって土地を耕す子どもたち**　日本からは多くの人々が満州にわたり、苦労して土地を開拓して、たくさんの農作物を日本に送りました。

【本文】満州や樺太（サハリン）南部には、ソビエト連邦（ソ連）軍がせめこみ、多くの日本人が犠牲になりました。こうした中で、8月15日、昭和天皇がラジオ放送で日本の降伏を伝え、15年にわたる戦争はようやく終わりました。同時に、日本による朝鮮や台湾の支配も終わりました。また、満州にとり残され、戦争が終わってからも、長い間帰国できなかった日本人も大勢いました。

【コラム】**戦争の犠牲者**　（前略）日本では、軍人と市民を

124

合わせて、約310万人がなくなりました。また、終戦時に満州にいた約60万人の日本兵がソ連によってシベリアに抑留され、多くの人々がなくなりました。
【写真】満州から引きあげてきた子どもたち　右の女の子は、両親の遺骨を首から下げています。

（6年上、「戦争と人々の暮らし」
「平和で豊かな暮らしをめざして」教育出版）

【写真】満州に移住して土地を耕す子どもたち
【写真】満州に向けて出発する移民団を見送る人たち（1935年）　移民団は、日本各地で結成され、農業研修や軍事的な訓練を受けたあと、満州に移住しました。
【本文】いっぽう、戦争がおわった後も、日本兵や日本人のなかには、ソ連軍によりシベリアに抑留された人や、満州で肉親と別れて中国人に育てられることになった人（中国残留孤児）がいました。海外にいた約660万人の日本人の引きあげがはじまりましたが、日本に生きて帰れなかった人々もたくさんいました。

（6年上、「戦争と人々のくらし」日本文教出版）

【写真】満州にわたった人たち　満州では、土地を開拓し、作った農作物を日本に送りました。
【本文】8月9日には、日本と戦争をしないという条約を結んでいたソビエト連邦（ソ連）が条約を破り、満州や南樺太（南サハリン）にせめこんできました。

（6年、「戦争の時代から平和の時代へ」光村図書）

　現在使われている小学校の教科書には、8月15日に戦争がようやく終わったとしながらも、その後に、シベリアに抑留された人

や、中国残留孤児がいたこと、日本に生きて帰れなかった人がいたことなどの記述が見られる。だが、そのような記述がある教科書とない教科書の二分化が見られる。また、中国残留はあっても、サハリン残留につながる記述は見られない。さらには、中国にしてもサハリンにしても、残留者の体験については記されていない。

　次に、中学校の社会科教科書（歴史的分野）を見てみよう（すべて2015年検定済教科書）。

【写真】満州への移民（上：1941年）と募集するポスター
数十万もの農民が移民として満州に渡りました。
【本文】日本が支配した満州国には、軍事的な目的もあって、日本からの移民が進められました。
【本文】また、ソ連がアメリカ・イギリス両国と結んだヤルタ会談での秘密協定に基づき、8月8日に日ソ中立条約を破って参戦し、満州や朝鮮に侵攻してきました。ようやく日本は、ポツダム宣言を受け入れて降伏することを決め、8月15日には、昭和天皇がラジオ放送（玉音放送）で国民に知らせました。こうして、第二次世界大戦が終わりました。
【写真】大陸から引きあげてきた子どもたち　戦争で多くの子どもたちが両親を失い、満州や朝鮮からも、大勢の子どもたちが帰国しました。こうした子どもたちが、新しい日本を創っていきました。（東京都　1946年12月）
【吹出】女の子が首から下げているものは何だろう
【地図】復員と引きあげの状況（厚生労働省資料）　軍人の復員と民間人の引きあげにより、2014年4月までに、629万7237人が日本に帰国しました。
【本文】敗戦後、植民地や占領地にいた軍人と民間人が、日本にもどってきました。しかし、復員や引きあげは順調

126

には進まず、シベリア抑留や中国残留孤児などの問題が発生しました。

【脚注】 満州でソ連軍にとらえられた約60万人の人々が、数年間シベリアで強制労働をさせられ、多くの人々が死亡しました。

【写真】 中国残留日本人孤児と再会を喜ぶ家族　満州にいた多くの日本人の子どもたちが、ソ連の侵攻にともなう混乱によって、肉親と別れて孤児になり中国人の養父母に育てられました。1981年から日本で肉親探しが始まり、これまで約2500人が永住帰国しましたが、言葉、生活習慣、仕事などの面で困難をかかえています。（1981年3月）

（「世界恐慌と日本の中国侵略」「第二次世界大戦と日本」「戦後日本の発展と国際社会」『新編新しい社会歴史』東京書籍）

【写真】 満州での開拓の様子

【脚注】 一方で、第二次世界大戦後に首相となった石橋湛山は、「満州を日本の領土にすれば、中国の全国民、ひいては世界列国を敵に回すことになる。この取り引きに利益があるとは考えられない。」と主張しました。

【本文】 満州国には、恐慌で生活に苦しむ数十万人の農民が、日本から集団で移住しました。

【写真】 満蒙開拓青少年義勇軍を募集するポスター（1942年につくられたもの）　満州への移民の確保が難しくなると、少年たちを義勇軍として募集しました。

【吹出】 少年たちが「義勇軍」とよばれたのは、なぜだろう

【本文】 一方、8月8日には、ソ連がヤルタ会談の取り決めをもとに、日ソ中立条約を破棄して日本に宣戦し、満州や南樺太などに攻め込みました。こうしたなかで日本は、

8月14日、ポツダム宣言を受け入れて降伏しました。国民は、この敗戦を、翌15日の昭和天皇のラジオ放送で初めて知りました。こうして第二次世界大戦は終わりましたが、中国にいた日本人のなかには飢えなどで亡くなったり、残留孤児として現地に残されたりした人々も数多くいました。

【写真】日本の家族との再会を喜ぶ残留孤児（1982年）

【写真】満州から引きあげてきた子どもたち

（「恐慌から戦争へ」「第二次世界大戦と日本の敗戦」「日本の民主化と冷戦」『中学社会歴史　未来をひらく』教育出版）

【本文】「満州国」は、事実上、日本人が支配権をにぎり、後には、中国の人々から安く買い上げた土地に、日本の農民などを開拓民として集団移住させていきました。

【コラム】日本の満州支配に反対したジャーナリスト　第二次世界大戦後に首相になった石橋湛山は、1931年の経済評論紙で、「日本は台湾や朝鮮を得たが、移住先としてはあまり役立っていない。満蒙（満州と内モンゴル地域）についても、原料を得たり、国防上必要というだけなら、平和な経済関係のほうがよりよく目的を達成できる。中国の全国民や世界列国を敵にまわして利益などあるだろうか。〈一部要約〉」と主張しました。

【本文】ソ連は日ソ中立条約を破り、8月9日以後、満州・南樺太・千島列島などに侵攻しました。日本軍が後退するなか、満州に移住していた開拓民は取り残され、ソ連軍や中国の人々の攻撃にあいました。肉親とはぐれ、中国人に育てられることになった子どももいました。また、約60万人の日本兵らが捕虜としてシベリアに抑留され、長期間、強制的に働かされ、多くの犠牲者を出しました。こうした

なかで、日本政府は最後まで降伏後の天皇制の存続の確認に努めていましたが、8月14日、ついにポツダム宣言の受諾を決め、翌15日、昭和天皇がラジオ放送によって日本の降伏を国民に伝えました。こうして、第二次世界大戦は、世界全体で何千万もの犠牲者を出し、特に一般市民の犠牲が多数であったことなど、深い傷あとを残して終わりました。

【脚注】降伏文書への調印は、9月2日に行われました。

【コラム】日本人の海外移民 （前略）1932（昭和7）年の「満州国」成立後は、政府と軍によって計画的に多くの移民が満州へと送り出されていきました。成人の移民が困難になると、16〜19歳の青少年の送り出しが強力に進められました。（略）また、満州や朝鮮では多くの移民たちが悲惨な犠牲をはらって日本にひきあげてきました。

【写真】満蒙開拓青少年義勇軍の内原訓練所（茨城県水戸市）大陸でのきびしい開拓にたえるための基礎的な訓練が行われました。1945年8月の敗戦まで、約8万6500人の青少年たちが、ここから満州にわたりました。

【写真】満州からの引きあげ者（1946年 東京都 品川駅）戦争で親を失った子どもたちのようすです。

【コラム】シベリア抑留と中国残留孤児 敗戦後の植民地や占領地からの日本人の引きあげは、順調には進みませんでした。満州などにいた約60万人の日本兵らが、日ソ中立条約を破ったソ連の侵攻にともないソ連軍に捕らえられ、何年ものあいだ、シベリアで強制労働に従事させられました。また、多くの子どもたちは、混乱のなかで肉親とはなればなれとなり、孤児として中国人の養父母たちに育てられました。この孤児たちの肉親捜しが、1981年から日本で始まり、2500人以上が永住帰国しました。しかし、言語、生活習慣、仕事など多くの困難をかかえています。

（「世界恐慌と中国との戦争」「第二次世界大戦と日本」「平和と民主化への動き」『中学社会歴史的分野』日本文教出版）

【本文】不景気が続く日本の農村から「満州国」への移民を進めていきました。

【吹出】疑問　世界恐慌が起こる前、まゆの生産量と製糸工場数で日本一だったのは長野県でした。長野県は、1931年に起こった満州事変後、「満州」への移民の数も日本一だったそうです。まゆの生産量や製糸工場数と、移民の数は何か関係しているのでしょうか。また、人々はなぜ「満州」へ移民することにしたのでしょうか。

【写真】「満州」移民による「満州」での開拓のようす　「満州」には未開墾の広大な土地がありました〈毎日新聞社提供 1941 年 7 月 13 日撮影〉

【地図】満蒙開拓団の分布と都道府県別「満州」移民〈『長野県満州開拓史総編』〉

【コラム】蚕糸王国　長野　（略）

【図】まゆの生産量（1929 年）〈『第 49 回日本帝国統計年鑑』〉

【グラフ④】長野県のある地方のまゆ価の変化〈長野県上田商工会議所調査〉

【図】「満州」移民の数の変化〈外務省『我が国民の海外発展』〉「満州」移民の数は、グラフ④のまゆ価とどのような関係があるでしょうか。

【写真】東京駅を出発する満蒙開拓青少年義勇軍　16 ～ 19 歳までの男子が「満州」にわたりました。〈朝日新聞社提供 1938 年 4 月 13 日撮影〉

【写真】満蒙開拓青少年義勇軍募集のポスター〈友常健一氏蔵　水戸市立博物館寄託 1942 年〉

【写真】「満州」の畑でとれた野菜を手にする義勇軍の青少

年たち〈毎日新聞社提供　1941 年 7 月 13 日撮影〉

【写真】戦車に対抗するための壕を掘る義勇軍の青少年たち　用水路としても使われました〈毎日新聞社提供 1941 年 7 月 13 日撮影〉

【コラム】日本初の満蒙開拓分村移民へ　（略）

【写真】大日向村の分村を伝える雑誌〈『アサヒグラフ』1938 年 7 月 27 日号〉

【本文】①恐慌で人々はどのような影響を受けたのだろう？　（略）

　　　　②「満州」にわたったのはどのような人だったのだろう？　（略）

　　　　③「満州」ではどのような生活をしていたのだろう？　（略）

【本文】8 月 8 日深夜、ソ連は、ヤルタ会談での密約をもとに日ソ中立条約を破って「満州」や南樺太などに攻めこみ、日本軍と衝突しました。事態を重くみた日本政府は、ポツダム宣言ならば天皇制が維持できることなどを理由に、14 日にポツダム宣言を受け入れて降伏することを決めました。翌 15 日、昭和天皇はラジオ放送でこの決定を国民に知らせました（玉音放送）。こうして、太平洋戦争もふくめた第二次世界大戦は、イタリア・ドイツにつぐ日本の降伏で終わりました。

【地図】軍人と民間人の引きあげ数　2013 年 3 月までに軍人の復員と民間人の引きあげを合わせて、629 万 7220 人が帰国しました〈厚生労働省資料〉

【写真】「満州」から引きあげてきた子どもたち〈1946 年東京都品川駅〉

【写真】シベリアなどで抑留されていた人々の帰国〈京都府舞鶴港 1949 年 6 月撮影〉

【コラム】シベリアでの抑留生活　（略）

【本文】敗戦をきっかけに、海外の戦地にいた軍人、「満州」・朝鮮・台湾などにいた民間人、合わせて約600万人の日本国民が日本に引きあげてきました。引きあげてくる人々は集団をつくり、たいへんな苦労をしながら日本へたどりつきました。

　一方で、すぐに引きあげることができなかった人々もいました。ソ連が参戦後に占領した地域にいた、日本の軍人や移民団の男性など約60万人が捕虜となり、シベリアに送られました（シベリア抑留）。彼らは厳しい寒さのなかで労働を強いられ、多くの犠牲者が出ました。1947（昭和22）年ごろから抑留者の帰国が始まり、1956年までに約47万人が帰国しました。

　また、中国には、肉親と生き別れて中国人に養育された数千の子どもたちがおり、とくに「満州」において数多くいました（中国残留日本人孤児）。彼らの肉親探しのための訪日調査が1981年から始まりましたが、身元が判明した人たちはわずかしかいません。このように、日本が降伏したあとも、海外では長い間日本に帰れない人々がおり、一方で戦争が続いていた地域もあったため、国民すべての戦後が同時に始まるというわけではありませんでした。

【脚注】日本が降伏したあとの8月18日に、ソ連軍が千島列島の北東端に位置する占守島から攻めこみ、その結果、北方領土までを占領しました。

　（「軍国主義と日本の行方」「歴史を探ろう　長野県からみる『満州』移民〜不景気からぬけ出すための選択〜」「アジアと太平洋に広がる戦線」「敗戦から立ち直る日本」『社会科　中学生の歴史』帝国書院）

上にあげた中学校の教科書では、どれもが中国残留孤児について取り上げていることが分かる。また、中国残留孤児を発生させる背景となった満洲移民について、とりわけ帝国書院では、長野県を事例に、満洲に渡った日本人の理由を探究させる頁が用意され、写真、図、グラフなどの様々な資料が添付されている。本文においても、「日本が降伏したあとも、海外では長い間日本に帰れない人々がおり、一方で戦争が続いていた地域もあったため、国民すべての戦後が同時に始まるというわけではありませんでした」とあり、「戦後」の多様性について考えさせるような記述となっている。また、満洲移民については、日本の満洲支配に反対した石橋湛山を紹介したり（日本文教出版、教育出版）、「『満州国』は、事実上、日本人が支配権をにぎり、後には、中国の人々から安く買い上げた土地に、日本の農民などを開拓民として集団移住させていきました」として土地をめぐる問題について指摘する記述（日本文教出版）が見られた。教科書を手に取る子どもと近い年齢である満蒙開拓青少年義勇軍について説明を入れて取り上げている教科書もある（教育出版、日本文教出版、帝国書院）。加えて、教育出版では、中国残留日本人が「2500人以上が永住帰国しました。しかし、言語、生活習慣、仕事など多くの困難をかかえています」と記し、帰国後の生活についても言及している。このように、中国残留とその背景となる歴史的事象についての記述は中学校において充実しているが、サハリン残留についての記述は全く見られない。

2. 教育（授業）研究の中の「中国・サハリン残留」

　残留日本人の体験を社会科教育（授業）に位置づけることにどのような意味があるだろうか。藤井大亮（2018）は、「オーラルヒストリーが育む歴史的な見方・考え方」を論じる中で、歴史的思考を次の六つに分類する。つまり、①歴史的重要性を立証すること、②

一次史料を証拠として用いること、③継続と変化を特定すること、④原因と結果を分析すること、⑤歴史的パースペクティブを取得する（歴史的文脈の中で過去の出来事や人々について考える）こと、⑥歴史解釈における倫理的な問題を理解すること、である。オーラルヒストリーを用いることは、とりわけ「⑤歴史的パースペクティブの取得」において有用であると述べ、オーラルヒストリーを用いた学習効果の高さを紹介する。

　また、土屋（2000）は、残留が生じた「戦後」の歴史学習（戦後史学習）の意義を次のように述べる。一つは、戦後史とは日本の敗戦を境とした日本固有の歴史認識ではあるが、東西冷戦や経済格差の歴史だと考えれば世界的普遍性をもつ。二つは、戦後史なら、インタビューや資料の直接利用等、歴史研究の基本的な方法を体験的に学習でき、他者への理解や共感といった倫理的成長も期待できる。そのうえで、戦後史学習では、聞き取った個人的経験を世界の動きと擦り合わせて比較したり、その比較から歴史的意味を見出したり、当事者には気づかない歴史的価値や意義を付与したりして、合理的・科学的に社会を見る眼が育つと述べる。

　これらの先行研究は、日本の教育実践に基づいた研究成果ではなく、具体的な授業事例に即して論じたものでもないが、中国・サハリン残留日本人学習の意義やあり方を考えるうえで参考になろう。

　だが、日本の社会科教育研究において、残留日本人の体験やオーラルヒストリーは取り上げられることは、ほとんどなく、舘（2002）が中国帰国者を取り上げているのみという状況がある。舘は中学生を対象とした教材化の価値を示すものの、指導計画や実践の結果等は示さず、小学生や高校生を対象とした授業については不問である。なお、サハリン帰国者を取り上げた実践研究については皆無である。

　ところでサハリン残留については、韓国人の問題としてのみ取り上げられてきた。日韓関係史を描き、両国の歴史共通教材を目指

134

した歴史教育研究会編『日本と韓国の歴史共通教材をつくる視点』（梨の木舎、2003 年）では「サハリンの韓国人」と題するコラムをおよそ一頁設けている。しかし、サハリン在住朝鮮人の多様性や残留朝鮮人と残留日本人との関係等については触れられていない。また、『日韓歴史共通教材　日韓交流の歴史』（明石書店、2007 年）では、「サハリン未帰還韓国人問題」が用語として記されている程度である。

　次に、日韓関係を含めた東アジア理解を重視する国際理解教育研究を見ていく。日本国際理解教育学会が編集する学会誌『国際理解教育』では、日中・日韓関係史等の先駆的実践研究が紹介されるが、残留者を取り上げた論考は見られない。日韓中の研究者・実践者が協同で教材開発をした『日韓中でつくる国際理解教育』（大津編 2014: 67）には、「延べ 72 万人以上が朝鮮半島から日本国内、サハリン、南洋諸島に連行され、過酷な労働を強いられた」とあるが、それ以上の記述は見当たらない。

　とはいえ、この『日韓中でつくる国際理解教育』（大津編 2014: 67）は注目に値する。なぜなら、日本・韓国・中国の研究者、実践者が集まり、「人の移動」の教材開発がなされたからである。「人の移動」を設定したのは、それがグローバリゼーションとそれに伴う多文化共生を考えるうえでの国際理解教育の重要なテーマだからと説明されている（森茂・中山 2014: 60）。グローバル社会・多文化社会を生きるうえで必要とされる価値として「人権、公正／正義、多様性、共生」が設定され、それらの価値を学ぶための具体的な学習内容（キーコンセプト）例として、「現状、認識、歴史、課題、旧移民、新移民、文化変容、多文化社会」が抽出されている。

　『日韓中でつくる国際理解教育』では、大単元「人の移動」の内容は次のように構成されている（表 5-1　参照）。

表5-1　大単元「人の移動」の内容構成

過程	テーマ	問い
導入	なぜ人々は移動するのか？	1 なぜ人々は移動するのか？ 2 なぜ在日コリアン・中国人が日本にいるのか？
展開1	どんな移動があるか？	A なぜ日系人／コリアン系／中国系がハワイにいるのか？ B なぜブラジル人が日本／韓国にいるのか？ C なぜ日本／韓国／中国に韓国人留学生／中国人留学生／日本人留学生がいるのか？ D 日本人／韓国人／中国人旅行者は韓国／日本／中国で何を学ぶか？
展開2	人の移動がもたらすものは何か？	E 人の移動によってどのような文化変容がもたらされるのか？ F 人の移動によってどのような社会問題が起こっているのか？
まとめ	多文化共生に向けて何をすべきか？	私たちは多文化共生に向けてどのように社会をよくすることができるか？

＊「大単元『人の移動』の展開」（森茂・中山：2014: 63）を基に筆者作成

　学習過程は四つに分かれる。「導入」、「展開1」、「展開2」、「まとめ」である。それぞれのテーマは、「なぜ人々は移動するのか？」、「どんな移動があるか？」、「人の移動がもたらすものは何か？」、「多文化共生に向けて何をすべきか？」である。「導入」では、「なぜ人々は移動するのか？」や「なぜ在日コリアン・中国人が日本にいるのか？」を問い、学習を進める。「展開1」では、四つのトピックが用意され、選択して学習を進める。「展開2」では、二つのトピックが用意され、選択して学習を進める。「まとめ」では、「私たちは多文化共生に向けてどのように社会をよくすることができるか？」を問い、学習をまとめる。以上の内容構成は発達段階に応じて弾力的に運用することとなっている。

この国際理解教育研究（「人の移動学習」）の課題は、人が移動することを前提に作成され、「残留」の体験や歴史を踏まえたものになっていない点であろう。例えば、「人の移動」のキーコンセプトでは、「中国帰国者」は「新移民」の中に含まれ、デカセギやビジネスマンなどと同じ位置づけにある。中国帰国者はかつては日本の国籍や戸籍を有し、中国ではその多くが自他共に日本人であることが認知された人々である。元より外国籍で日本に移住した人々とは自己認識や移動の経緯等において大きな隔たりがある。

　そもそも、提示されたキーコンセプトは基本的に、移動するヒトとそれに伴うコトで構成されている。しかし、我々の社会で起こる人の移動は、「自ら進んで／仕方なく／強制的に」移動させられることもあれば、「移動しない／移動できない」という面もある。北東アジアに見られた残留者はその典型である。北東アジア社会の過去と現実をよりよく捉えようと考えた時、「人の移動」は、「移動した（する）人」と同時に、「移動できなかった／できない／しない人」にも着目すべきであろう。中国・サハリン残留者の中には帰国された方も少なくないが、今なお残留している方もいる。それらの経験は重要な学習内容であり、本来的には残留者は「人の移動」学習のキーコンセプトの一つとして位置づけられるべきと考える。

　サハリンでは、残留を余儀なくされた日本人女性の多くは、朝鮮人男性と結婚し家庭を築いている。異なるルーツをもつ夫婦はソ連社会の中で複合文化的な家族を形成し、居住空間はロシア（サハリン）、日本、韓国、北朝鮮にまたがる。例えば、本書で取り上げた菅生善一さんの家族は、家族が多国籍化するとともに、居住地は北東アジアに広がっていることはすでにコラム④で紹介した。

　また、サハリン残留者の場合、残留だけでなく、抑留の体験をもたれている方もいる。例えば、本書で紹介した伊藤實さんの事例である。伊藤さんは、1927年（昭和2）に山形県で生まれ、3歳の時に両親に連れられて、樺太に渡っている。1945年に機関士なるが、

敗戦後は、鉄道運転関係者の引揚げが許されず、樺太での残留を余儀なくされた。1946年6月30日、鉄道事故を起こしたとして逮捕され（実際には起こしていないが）、ハバロフスク北方の収容所に入れられた。1949年、家族の元に帰ることを許されず、カザフスタンへの移動を命じられ、小さな村での生活を余儀なくされる。極貧生活の中、ドイツ人女性と結ばれるも、正式な婚姻として認められず、子どもはドイツ系住民とされた。ペレストロイカ以降、ソ連社会で暮らしていくことは困難となり、ドイツ政府が積極的に受け入れていたこともあって、子どもたちはドイツに移住する。伊藤さん本人は日本への帰国を選択し、現在は北海道で暮らしている。年に2回、ドイツにいる家族が日本を訪れる時以外、現在は一人の生活である。

　抑留といえば、軍関係者の「シベリア抑留」は社会的認知度は高いが、民間人の抑留については知られることが少ないのではないか。日本の学校教育の中でも取り上げられることはまれである。国際理解教育研究には「抑留」をキー概念とする学習内容は見られない。抑留は、自分の意志を超えて移動を命じられ、一定期間あるいは無期限に、ある場所への定住と労働を余儀なくされる概念だと捉えれば、「移動した人」と「移動できなかった人」の両方の要素を兼ね備えた概念である。北東アジアに見られた「人の移動」を考えるうえで、抑留もまた、重要なキー概念であろう。とりわけ、伊藤さんとその家族の事例は、アジアにとどまらず、日本、サハリン（ロシア）、カザフスタン、ドイツにまたがり、アジア・ヨーロッパ社会における「人の移動」を考えさせられる。国籍も民族も異なる人々の経験と北東アジア（事例によっては、アジア・ヨーロッパ）に広がる家族や社会の様子を取り上げる点において、残留者及び抑留者を取り上げた教材開発は、国民国家を基本枠組みとした相互理解のための教材とは異なる教育的価値を有する。

　ところで、残留日本人学習は単独での学習としても成立するが、

国際理解学習の移民学習として位置づけることも可能である。移民学習に位置づけるとすれば、下のような内容構成となり、北東アジア社会の過去と現在に向き合う「人の移動」学習に近づくだろう（表5-2参照）。

表5-2　大単元「人の移動」内容の再構成

過程	テーマ	問い
導入	なぜ人々は移動するのか？	1 なぜ人々は移動するのか？
		2 なぜ在日コリアン・中国人が日本にいるのか？
展開1	どんな移動があるか？	A なぜ日系人／コリアン系／中国系がハワイにいるのか？
		B なぜブラジル人が日本／韓国にいるのか？
		C なぜ日本／韓国／中国に韓国人留学生／中国人留学生／日本人留学生がいるのか？
		D 日本人／韓国人／中国人旅行者は韓国／日本／中国で何を学ぶか？
展開2	なぜ移動できなかったのか？	E なぜ日本人／韓人は中国／サハリンに残留したのか？
		F なぜ日本人はカザフスタンに抑留されたのか？
展開3	人の移動がもたらすものは何か？	G 人の移動によってどのような文化変容がもたらされるのか？
		H 人の移動によってどのような社会問題が起こっているのか？
まとめ	多文化共生に向けて何をすべきか？	私たちは多文化共生に向けてどのように社会をよくすることができるか？

（筆者作成）

3．中国・サハリン残留日本人学習の本質

　中国・サハリン残留日本人学習で取り上げる残留日本人の生活体験は、一人ひとりが多様である。加えて、その内容は多岐にわたる。例えば、中国残留日本人の場合、大きくは「満洲国」時代の暮らし、敗戦前後の暮らし、新中国での暮らし、帰国後の暮らし、にわたるだろう。サハリン残留日本人の場合は、樺太時代（日本統治時代）の暮らし、敗戦前後の暮らし、ソ連時代の暮らし、ソ連崩壊後の暮らし、そして帰国後の暮らし、にわたる。

　これらの生活体験は簡単に聞けるようなものではなく、容易に理解できるものでもない。だからこそ、敗戦前後の体験（引揚者にとっては引揚げ体験）は、語り手の心境を想像して耳を傾ける必要がある。なぜなら当事者にとっては忘れるに忘れられず、語るには苦しい出来事が含まれているからである。例えば敗戦前後の中国での体験である。敗戦時多くの日本人が「満洲」にいたのだが、その体験が長い間、語られてこなかったのはなぜだろうか。

　『「満洲移民」の歴史と記憶』の著者趙彦民（2016）は、その理由を次のように指摘している。一つは、戦後しばらくは体験者個人を取り巻く生活環境が大変厳しかったこと。二つは、戦後日本社会で満洲が否定され、満洲移民は帝国の先兵と受け止められていたこと。三つは、体験そのものがトラウマになっていたこと、である。

　三つ目に関しては、本書に登場する種子島秀子さんは、筆者に次のように話したことがある。「1990 年に帰国してから、中国での出来事を教えてと色々な人に言われました。でも、私はそんな気になれませんでした。思い出したくなかったんです」。それでも、と種子島さんが続けて言われたのは、「尖閣諸島中国漁船衝突事件」（2010 年）である。あの事件がきっかけで、また戦争が起きるかもしれないという恐れから、自身の体験を語り、平和の大切さについ

140

て考えてもらおうと思い始めたという。

　ただ、種子島さんのように、語ろうとする気持ちがあったとしても、中国残留日本人に関しては、日本語を自在に話せる方はそう多くはない。厚生労働省の定義では、敗戦当時 13 歳未満の孤児は中国残留孤児とされ、13 歳以上の女性は中国残留婦人とされた。現在、中国残留婦人は、85 歳を超えており直接に体験を聞くことは難しい状況に入っている。他方、現在 70 代の残留孤児は、敗戦当時 6 歳以下である。幼い頃から中国の生活に適応し、日本語を話す環境はなく、当時は自分の日本語名すら分からなかったという方も少なくない。それほどまでに、幼い頃から現地で育った残留日本人の日本語保持は困難なことである。日本に永住帰国した後に日本語の学習を始めたとしても年齢の壁は厚く、日本語を自在に話すことは容易ではない。このように、中国残留日本人から直接体験を聴こうとしても、高齢化とともに言語の壁が立ちはだかることがある。

　中国・サハリン残留日本人が今も私たちの社会にいるのは、本人の生きようとする意思や懸命の努力があったからであり、また、本人の命を守ろうとした親きょうだいの支えがあったからである。だが、それだけではない。残留日本人の命をつなぎ、暮らしを支えた現地住民の存在を忘れてはならないだろう。筆者は、中国・サハリン残留日本人学習の本質は「つながれた命の学習」だと捉えている。というのも、ソ連軍が支配し、中国の場合では現地住民が「暴徒」と化し、明日食べるものがあるのかどうかも分からない状況で生きられたのは、国籍や民族を超えて人間の命を守ろうとする現地の人々の心と行動があったからである。中国残留孤児の場合は、中国の養父母に助けられたことがそうであり、サハリンでは朝鮮半島にルーツをもつ養父に育てられたことがそうである。命がつながれたからこそ、今、我々の社会に中国帰国者やサハリン帰国者が暮らしているのである。もちろん、敗戦直後のソ連占領下の旧満洲やサハリンで、当時の日本人を待っていたのは美しい物語だけではな

い。たくさんの命が落とされたことも事実である。その意味では、「つながれた命の学習」を通して、その周辺で起きた多くの絶たれた命について考えることも可能である。

中国・サハリン残留日本人の生活体験について学ぶ、あるいは生活体験を通して学ぶこととは、「人間」の歴史を学ぶことである。中国やサハリンにいた人間がどう生きたか／亡くなったか／何に支えられたか／絶望したかを考える学びである。したがって、中国・サハリン残留日本人の生活体験を学ぶことは、必然的に、日本人の周囲にいた中国人や韓国・朝鮮人等の暮らしや植民地時代の過去を知ることにつながる。

北東アジア社会では、日中間、日韓間など、歴史認識問題等で社会的交流が不安定になることが少なくない。そのような社会的状況の中で、改めて、残留者の体験を学ぶことは、それぞれの地域に住む人々が直面した過去を見つめながら、私たちの社会にある課題を見いだす営みでもある。それは、残留者（帰国者）のように国境を越えて生きる人々の暮らしが大切にされる、北東アジア社会の望ましい未来につながっていくものと思われる。

4. 中国・サハリン残留日本人学習のねらい

中国・サハリン残留日本人学習のねらいは五つある。一つは、終戦や戦後を問い直すことである。二つは、植民・戦争・残留体験や帰国後の暮らしを考えることである。三つは、残留日本人の養父母について考えることである。四つは、中国残留朝鮮人について考えることである。五つは、サハリン残留朝鮮人について考えることである。なお、これらのねらいは中国・サハリン残留日本人学習において重要な要素を占めている。だが、一回の学習、一つの単元ですべてのねらいが達成されるものではない。学校種や対象学年等によって、力点や学習目標・内容が変わってくるからである。以下、

五つのねらいについて述べていく。

（1）終戦や戦後を問い直す

まずは終戦を問い直すことについてである。教科書によっては
「8月15日、（筆者中略）、ようやく戦争が終わりました」（小学校、
東京書籍）、「15日、天皇は、降伏をラジオ放送で国民に知らせま
した。こうして、（筆者中略）第二次世界大戦が終わりました」（中
学校、東京書籍）という記述になっていることについてはすでに指
摘した。つまり、8月15日以降の戦争被害が見えにくくなるとい
う問題である。一例であるが、樺太（サハリン）では8月22日に、
大都市豊原の駅前でソ連軍によって爆弾を落とされ、108名が死亡
している。また、旧満洲では、8月27日に、佐渡開拓団跡地にて
各地より避難してきた開拓団がソ連軍の攻撃を受けて1,464人が亡
くなっている。

当時の大日本帝国は現在の日本国とは異なり、統治領域は広く植
民地を有していたこと、そしてそれらの地に大勢の日本人が移住
していたことを想起する必要がある。敗戦時点で、満洲国に約155
万人、樺太南部に約39万人もの日本人が住んでいたわけであるが、
1945年8月9日で始まるソ連軍による攻撃・占領は1945年9月5
日の歯舞諸島の占領で終わりを迎え、その後に占領地に取り残され
た日本人は、その後も零下20度を下回る極寒の地で冬を越し、年
を跨がなければ帰国できなかったのである。これらは「敗戦」した
国民に降りかかった出来事である。また、現地に取り残された人々、
そしてそのまま帰国できずに残留を余儀なくされた人にとって、い
つが「終戦」かは、教科書に記されているような日付で簡単に捉え
られるようなものではない。

次に戦後についてであるが、小中学校の教科書は基本的に、戦
前・戦中は戦争に至る経過と各地の戦争被害を学び、戦後は新国家
建設と国民生活の向上、国際社会で日本が重要な役割を果たしてき

たことを学ぶという構図になっている。これは小中学校の学習指導
要領（社会）が以下のようになっているからである。2017 年に告
示されたものから抜粋する。

　小学校では次のような知識を身に付けることとされている。

> （サ）日中戦争や我が国に関わる第二次世界大戦、日本国憲
> 法の制定、オリンピック・パラリンピックの開催などを手
> 掛かりに、戦後我が国は民主的な国家として出発し、国民
> 生活が向上し、国際社会の中で重要な役割を果たしてきた
> ことを理解すること。

　また、中学校では次のような知識を身に付けることとされてい
る。

> （カ）第二次世界大戦と人類への惨禍
> 　経済の世界的な混乱と社会問題の発生、昭和初期から第
> 二次世界大戦の終結までの我が国の政治・外交の動き、中
> 国などアジア諸国との関係、欧米諸国の動き、戦時下の国
> 民の生活などを基に、軍部の台頭から戦争までの経過と、
> 大戦が人類全体に惨禍を及ぼしたことを理解すること。

> （ア）日本の民主化と冷戦下の国際社会
> 　冷戦、我が国の民主化と再建の過程、国際社会への復帰
> などを基に、第二次世界大戦後の諸改革の特色や世界の動
> きの中で新しい日本の建設が進められたことを理解するこ
> と。

> （イ）日本の経済の発展とグローバル化する世界
> 　高度経済成長、国際社会との関わり、冷戦の終結などを

144

基に、我が国の経済や科学技術の発展によって国民の生活が向上し、国際社会において我が国の役割が大きくなってきたことを理解すること。

　中国・サハリン残留日本人の体験を知ることは何を意味するだろうか。それは、戦後の「国民生活の向上」と言った時の国民とは誰かという問題を改めて考えることを意味する。つまり、戦後しばらくたっても苦しい生活を強いられ、「国民生活が向上し」たという理解で括ることの難しい人々の存在について考えることである。つまり、行き場を失い、中国社会・ソ連（サハリン）社会で残留を余儀なくされ、帰国後も異なる文化的背景をもつがために日本人として受け入れられず、日本語や就労、就学等に苦労し、生活保護を受けるなどして暮らさざるをえなかった人々の存在である。残留日本人の暮らしを追うことによって改めて「国民」とは誰か、「国民生活の向上」とは誰の暮らしを指しているのかを改めて考えさせられる。中国・サハリン残留日本人の体験を通して、教科書記述とは異なる戦後日本社会の異なる側面、引いては北東アジア社会の過去と現在を追究することができる。

　なお、小・中学校の学習指導要領解説社会編では、戦争被害に関しては、「国内各地への空襲、沖縄戦、広島・長崎への原子爆弾の投下など、国民が大きな被害を受けたことが分かることである」（小学校、下線筆者）、「我が国が多くの国々、とりわけアジア諸国の人々に対して多大な損害を与えたこと、各地への空襲、沖縄戦、広島・長崎への原子爆弾の投下など、我が国の国民が大きな惨禍を被ったことなどから、大戦が人類全体に惨禍を及ぼしたことを理解できるように」（中学校、下線筆者）と記されている。つまり、各地の空襲、沖縄、広島・長崎の体験はあっても、旧満洲やサハリンでの被害については示されていないという現状がある。

　敗戦時に旧満洲に渡った日本人は155万人のうち、本書で中心

第5章　中国・サハリン残留日本人学習の展開　　145

的に取り上げる開拓団員（満洲開拓青年義勇隊等を含む）の数は 27 万人、その中で日ソ戦以降の死亡者は 7 万 6,000 人にのぼる。そして満洲全体では約 17 万人が亡くなっている。また、サハリンでは、緊急疎開途上や戦災による死者は 2,300 人を超えている。旧満洲や旧樺太で亡くなれた方や、それぞれの地で残留を強いられた方は「大きな被害」を受けた事例である。中国・サハリン残留日本人の戦争被害は、現在のところ「など」の中に含まれているように思われるが、「国民が大きな被害を受けた」事例の一つとして取り上げていきたい。

(2) 植民・戦争・残留体験や帰国後の暮らしを考える

日本から海を渡り満洲国で生活をした人々がどのような暮らしをしていたのかは、あまり知られていないのではないか。小学校の社会科教科書（東京書籍）には、広大な大地を馬を連れて耕す男性たちと、その後ろで種をまく女性たち、そして幼児を抱く女性が写る「満洲へ移住した人々」と題する写真があるのみでる。次に出てくるのは、8 月 9 日以降の「満洲にソビエト連邦（ソ連）軍がせめこみ、やがて樺太南部、千島列島にもせめこんできました」の記述である。その間の旧満洲での暮らしも、その後の暮らしも、空白である。

旧満洲の場合、開拓団として渡満し、原野を切り開いて開墾するかと思いきや、家は用意され農地もあったという証言もある。当時を生きた人々が接したもの、目にしたものを知らなければ、その後に起きた出来事について考えることも難しくなるだろう。教科書に記されていない、当時の人々の暮らしを当時の人々の目線で理解していく必要がある。

その際に気を付けたいのが、渡満した人々の行動を特定の価値観で断罪しないことである。旧満洲から命からがら引揚げ、戦後の日本社会で「帝国主義の先兵」という烙印を押された人々は、その言

葉に違和感を持ち続けたという。生活することに精一杯という状況
も相俟って、旧満洲での体験や引揚げ体験を黙して語らずの状態と
なった。その結果、我々は旧満洲での体験を通して戦争や平和につ
いて考える機会を失ってきた。ある特定の価値観で、当時の人々の
行動を見るのではなく、当時満洲にいた人々の価値観を探り、当時
の民衆が置かれた状況を考えることが求められる。植民地主義が当
たり前のように受け止められ、正当化され、日常生活にあったこと
などを含め、民衆の視点に立って歴史を学ぶことが、中国・サハリ
ン残留日本人学習のねらいでもある。

　加えて、過去だけでなく、現在を考えることも重要である。つま
り、帰国後の暮らしを通して現代社会のあり様や課題を考えるので
ある。戦後間もなくの引揚げでさえ、引揚者のその後の生活は苦労
の連続であった。ましてや 20 年、30 年以上も残留を余儀なくされ
た人々の「遅れた引揚げ」がもたらす苦労は言うまでもない。残留
日本人の帰国は、同じ日本人であっても異なる文化的背景を持つ人
間の移動でもある。その意味では残留日本人（帰国者）は、「移民」
の側面をもつ。だからこそ、帰国者にとって日本の生活習慣や価値
観に慣れること、日本語を習得することなどが大きな壁となった。
また、日本で働くことが大きな苦労となった。例えば中国で教員を
務めていても、日本ではその経験は生かされず、中国での就労経験
はほとんど通用しない。中国帰国者 1 世の場合、高齢のため働く
人は現在はほとんどいない。だが、日本語が話せず、医師や周囲と
のコミュニケーションが難しいため、医療・介護問題に直面して
いる。中国帰国者 1 世のケアとともに、同じく高齢化した帰国者 2
世の暮らしの問題、帰国者 3 世のアイデンティティ問題などもあ
る。

　その意味で、残留者（帰国者）の苦労は、日本に帰国して終わり
というわけではない。帰国後も続くのである。残留・帰国体験から
見えてくるのは、戦争の実像である。つまり戦争はその人の人生を

通して、そして次の世代にまで影響する、ということである。「戦争被害は一代では終わらない」という言葉の意味を残留日本人の体験から考えることができよう。

写真5-1　サハリン残留日本人の共同墓地

　さらに考えたいのが、残留者（帰国者）の願いである。上の写真は、サハリン帰国者のために建てられた北海道にある共同墓地である。このデザインはサハリン帰国者が決めたものである。サハリン帰国者は帰国後しばらくたって、日本に自分が入る墓がないことを心配したという。そして、共同墓地が出来てからは大きく安堵するようになったという。本書に登場する戸倉冨美さんは、サハリンから日本にやって来た孫に共同墓地を見せている。「私はここに入るから」と言って聞かせるためである。それだけの思いが残留者（帰国者）にある。共同墓地のデザインもしかりである。墓石の左は日本、右はサハリン、その間の空間が空で、青い部分が海を表している。残留者はサハリンにいる時に、「お前はいいなあ、その翼で日本に渡ることができて」と空を飛ぶカモメをみていたという。そのカモメがデザインされている。そして、日本で骨をうずめても、日

148

本とサハリンを行き来する、そんなカモメでありたい、という願い
が込められている。墓の周りには、ロシア語と日本語で共同墓地の
由来と、この墓に眠る人々の名前が記されている。

　残留日本人は必ずしも自分の願いを言葉にして表現するわけでは
ない。しかし、これだけはという願いをもたれていることがある。
その背景にあるのは残留体験である。共同墓地への思いはその典型
例であろう。祖国に生まれ祖国で当たり前のように育った人間とは
異なる感情や願いに気付き、残留体験の内実と意味を考えられるよ
うにすることも、残留日本人学習のねらいである。

（3）残留日本人の養父母について考える

　蘭信三（2009: 46）は、中国残留日本人問題の場合、日本のナ
ショナリズムと密接な関連を持っていること、戦争によって家族が
離散すること以上に、国民国家と国民の物語になってしまうことを
指摘している。このことはサハリン残留日本人にも当てはまるだろ
う。日本人だから日本に帰りたいはずだ、でも帰れないかわいそう
な人たちだ、という受け止め方をされてしまうこともあるが、実際
は帰国しないという選択をした人もいる。この点にも注意を払う必
要がある。また、残留日本人の体験を国民国家と国民の物語に安易
に回収されないように、養父母や残留朝鮮人について考える必要が
あるだろう。

　ここでまず、中国人養父母について取り上げたい。残留孤児を育
てた中国人養父母の人数は不明であるが、概算で 6,000 人から 1 万
人と推定されている。現在、生存している養父母の総数は分からな
いが、長年ハルビンで中国人養父母のボランティアに携わり、日本
遺孤養父母联谊会の会長を務める胡暁慧氏によると、2018 年 9 月
現在、5 名の養父母が健在だという。それぞれ、ハルビン、長春、
北京、チチハル、内蒙古に住み、いずれも 90 歳を超えている[10]。

　養父母に関する調査報告として、鮑海春他主編（2015）『中国养

父母历史档案』や浅野慎一・佟岩（2009）『異国の父母　中国残留孤児を育てた養父母の群像』等がある。これらの調査結果から、養父母たちは「満洲国」時代に様々な被害を体験していたことが窺える。佟・浅野（2009: 193 〜 197）によると、ある養母は、日本人警察官に蹴り倒されて流産し、その後二度と妊娠できなかったという。それでも養父母の多くは、当時、中国東北地方にいた一般の日本人を非難することはなかったという。また日本の実父母が子どもを手放したことについては、「日本人の親も手放したくて手放したのではないのです。当時はそうしなければ子どもが生きられなかったから仕方がなかったのです」等と述べ、深い同情を示しているという。

　中国人養父母が残留孤児を引き取った動機の一つは、当時は実子がなく、老後の頼りとして子どもがほしかったということがある。他方、見ていて子どもがかわいそうで、命を助けるしかないという気持ちの強さも働いた。というのも、当時の残留孤児はやせ細り、病気になり、皮膚病にかかるなどして、衰弱していたからである。当時の養父母も裕福な暮らしをしていたわけではない。生活が大変苦しい中、見捨てることもなく育て上げたのである。働いて働いてなんとか学費を工面し、残留孤児を師範学校に通わせた養父母もいる。養父母に関する調査報告からは、決して安易な気持ちで子どもを引き取ったわけではないことが窺える。

　佟や浅野は、中国人養父母の動機は矛盾しないと述べている。つまり、老後の頼りにすることと、子どもの命を助けるしかないという判断は「どちらも『生命＝生活（ライフ）』の世代的な維持・再生産の行為である」からだと述べる。この考え方は、後に残留孤児が日本に帰国することを受け入れる養父母の姿にも重なる。つまり、例え自分が高齢の身で一人中国で暮らすことになっても、残留孤児とその家族のよりよい生活を願う姿である。

　筆者が出会った中国残留日本人も、養父母への感謝を忘れていな

い。様々な養父母がいるため、複雑な心境をもっている場合もあるが、総じて、養父母がいたからこそ、今があるという心境に至っている。山崎豊子原作のドラマ『大地の子』の内容が、人の心をうつのは、中国人養父母がしっかりと描かれているからではないか。つまり、複雑な歴史的背景にある人間が、国籍や民族を超えて一つの家族となり、激動の時代を苦労しながら乗り越えたこと、そして養父母と残留孤児がお互いの将来を考え、悩み、葛藤を抱えて生きるその姿に、我々は心を動かされ、考えさせられるのである。

サハリン残留日本人にとっても、養父との出会いは重要である。本書に登場する菅生善一さんは、2歳の時に実父と別れ、一緒にいた母の再婚により、朝鮮半島にルーツをもつ養父に育てられることになった。80年代になり日本に一時帰国したが、実の父は電話越しで「病気だから」と会えなかったという。サハリンに戻った後、父の再婚相手から手紙が届き、遺産相続はあきらめるようにという内容を目の当たりにした。そして、実父の真意が見えたという。養父は本当に優しく、私の本当の父は、サハリンで一緒に過ごしたその父だと述べている。

中国であれ、サハリンであれ、現地で子どもが生きていくことは容易なことではない。例え傍に実の母親がいたとしてもである。残留した日本の子どもは、現地で民族の異なる養父母に育てられて生き抜いたのである。残留日本人学習において、その体験が国民国家と国民の物語として安易に受け止められないよう、残留者の養父母について考えることは重要である。また、中国人養父母が「満洲国」時代に体験したことにも耳を傾けることで、日本による植民地支配の様子を具体的に考えることもできるだろう。

（4）中国残留朝鮮人について考える

次に中国に残留し定着した朝鮮人についてである。2009年現在の中国には、朝鮮族の人口は約192万人であり、そのうち延辺朝

鮮族自治州に 81 万人が暮らしている。延辺地域は旧満洲間島地方と重なることからも、日本の植民地政策が深く絡んでいることが窺い知れる。無論、朝鮮半島の人々が中国東北地方に移動するのは 1910 年以前から見られたことである。その時分はいわゆる「自由意志」の移住であったが、1910 年の「韓国併合」以降は、東洋拓植会社の設立と土地調査事業により、多くの農民が貧しい生活に陥り、その結果としての移住が多くなった。特に、1931 年の満洲事変以降は、朝鮮から満洲への移住は大幅に増えている。1927 〜 30 年までの 3 年間に約 4 万 8,839 人が移住していたのに対し、1933 〜 36 年の 3 年間では 21 万 4,387 人となっている。（満蒙開拓平和記念館: 2018: 8）

　旧満洲への朝鮮人の移住に朝鮮総督府も関わっている。朝鮮総督府は 1933 年より、間島地域を中心に集団部落を 9 カ所設置している。1 部落 50 〜 100 戸からなる部落だが、抗日武装勢力が農民から食料や情報を得られないようにし、農民を統制しようとしたのである。

　1936 年に「20 ヶ年 100 万戸移住計画」が進められると、朝鮮人移民も積極的に推進され、1937 年には 1 年に 1 万戸を間島・東辺東地域へ入植させる計画が立てられた。また、1939 年の「満洲開拓政策基本要綱」によって朝鮮人移民も国策となり、朝鮮人開拓団が送られるようになった。人口過剰だった朝鮮南部の農民が大勢を占めていたという。1940 年からは朝鮮人満洲開拓青年義勇隊が実施され、最初の義勇隊開拓団は旧満洲四平省に 65 人が入植し、以後 2 回生 154 人、3 回生 134 人、4 回生 220 人と続いた。

　大日本帝国崩壊後、1953 年までに 100 万人前後が朝鮮半島に帰還したが、長い中国での生活で帰るべき故郷をなくしてしまった人、引揚げる手段がなかった人、日本軍に徴兵された子どもを待ち続けた人など、様々な理由から帰る機会を失ってしまったという。また、定着に前向きな姿勢も見られたが、それは、中国共産党が国

民党とは異なり、定着を促す方針を示し、朝鮮人にも一律中国籍を認めたり、土地も平等に分配したりしたことが一因である。

このように、中国で暮らす朝鮮人の歴史的背景には大日本帝国時代の人の移動が大きく関わっている。日本で暮らす在日コリアンも同様である。朝鮮にルーツをもつ人が少なからずの人口規模で、朝鮮半島外で暮らしていることと関連づけて、中国・サハリン残留日本人学習を進めたい。

(5) サハリン残留朝鮮人について考える

当時の大日本帝国は現在の日本国とは異なり、統治領域は広く植民地を有していたこと、そしてその地に大勢の日本人が移住していたことを考える必要がある、と先述した。さらに言えば、日本人同様、朝鮮半島の人々も大勢が移住していたことについても考えなければならない。

朝鮮半島の人々による大日本帝国圏内各地への移住は1910年の「韓国併合」を境に始まった。外村（2013: 56）は、1910年、朝鮮内朝鮮人人口約1,300万人に対して朝鮮外朝鮮人人口は約21万人だったのが、植民地期末期には、朝鮮内朝鮮人人口が約2,400万人、朝鮮域外朝鮮人人口は約390万人というデータを示し、6、7人に1人が朝鮮域外で生活するようになったことを意味すると述べる。蘭（2013: 23）によれば、大日本帝国崩壊後の中国東北地方には、在満朝鮮人230万人のうち、150万人が定着し、サハリンには約2万人余りの朝鮮人が定着したとも言う。ちなみに日本にはかつて約200万人の朝鮮人が住み、そのうち約60万人が日本に定着して現在に至る在日コリアンを形成している。

日本では、サハリン残留といえば1975年に始まる「樺太残留者帰還請求裁判」（以後「サハリン裁判」）等により、残留朝鮮人のイメージが強いかもしれない。サハリン残留朝鮮人の体験を知ることは、サハリン残留日本人の体験を理解することにもつながる。

第5章　中国・サハリン残留日本人学習の展開　　153

戦後サハリン在住の朝鮮人は大きく三つに区分される。一つは、樺太時代（日本帝国期）からサハリンに居住していた朝鮮人（ここでは、他と区別するため、中山大将（2013）に倣い「韓人」と表記する）である。二つは、中央アジアからサハリンに移住してくるソ連系朝鮮人（以後「高麗人」）である。三つは、戦後間もなく北朝鮮地域から労働を目的に入ってきた朝鮮人（以後「北朝鮮人」）である。

第一の「韓人」については、戦時動員開始直前の1938年末には7,625人の韓人が樺太に居住していたが、中山大将（2013）は、この人たちを「移住韓人」とし、戦時動員によって樺太に渡った韓人とその家族を「動員韓人」としている。中山によれば、「移住韓人」と「動員韓人」の間には意識の差が見られたという。例えば、1945年8月15日、日本帝国の崩壊を喜んだ人々もいたが、移住韓人の中には日本人と同様に受け止めた人々もおり、それだけ「日本人」としての心性をもっていた。この「移住韓人」と「動員韓人」を合わせた、敗戦後の残留韓人の数については、約2万3,000人とも言われている。

　1946年12月から1949年7月にかけ、サハリンから日本人が引揚げると、ソ連人が移住してくる。その中に含まれていたのが第二の「高麗人」である。高麗人は、日本との密通、スパイや反革命活動を防ぐため、ソ連当局によって、1930年代に極東地域から中央アジアへと強制移住をさせられた人々である。それまで北サハリンには朝鮮人が住んでいたが、強制移住によって、サハリン島にいる朝鮮人は基本的に「韓人」のみとなった。戦後のサハリンにやって来た高麗人は2,000人にのぼり、主に教師や監督者等の立場に立った。

　そして第三の「北朝鮮人」は、約2万6,000人の規模で労働者としてサハリンに入ってきた。1950年代に北朝鮮が韓人に対して北朝鮮国籍の取得と「帰国」を促す工作を展開するようになると、ソ連政府はこれを警戒し、1958年に韓人のソ連国籍取得を促した。

154

また、1960 年代中盤までには、それまで認めていた、サハリン各地の朝鮮学校を閉鎖させた。無国籍状態であった「韓人」も、進学や昇進のためにソ連国籍を取得するようになっていった。

　1956 年に始める「後期集団引揚げ」により、残留日本人 819 名とその「韓人」家族（夫、子ども）1,471 名が日本へ永住帰国した。そしてこの時期に帰国した「韓人」の中に、樺太帰還在日韓国人会を結成した朴魯学がいて、1975 年からは、未解決の戦後処理問題と位置づけられた「サハリン裁判」が始まる。

　1986 年にペレストロイカが始まると、1991 年のソ連崩壊までの間、残留「韓人」の韓国への帰国が進んでいった。これらの動きの背景には、1988 年にソウルオリンピックの開催と、1990 年の韓ソ国交の樹立が挙げられる。そして 2011 年 7 月までに約 3,500 人の残留「韓人」が帰国している。

　以上のように、自分の故郷や家族のもとに帰れなかったのは日本人だけではく、朝鮮半島出身者も同じである。それでも日本人は大半が帰国することができたのである。日本人だけが帰国していく中で、サハリンに残留を余儀なくされた「韓人」、とりわけ「動員韓人」の憤りは想像に難くない。残留日本人の家族の中には朝鮮にルーツを持つ人々が登場し、残留「韓人」の感情も見えてくる。そのような人々の存在や感情を知ることは、残留日本人の体験が国民国家と国民の物語として安易に受け止められないようにするためにも重要だと考える。

5. 中国・サハリン残留日本人学習の方法

　中国・サハリン残留日本人学習の進め方を述べるにあたり、同学習を二つに分類してみたい（表 5-3 参照）。一つは中国・サハリン残留日本人の生活体験「について」学ぶ学習である。もう一つは、中国・サハリン残留日本人の生活体験「を通して」学ぶ学習である。

表 5-3　中国・サハリン残留日本人学習の分類

体験の位置づけ	ねらい
中国・サハリン残留日本人の生活体験について学ぶ学習	中国やサハリンにおける、戦争中や敗戦下、残留中や帰国後の暮らしについて理解する
中国・サハリン残留日本人の生活体験を通して学ぶ学習	中国・サハリン残留の歴史的背景や今日的課題など北東アジアの過去や現在について考える

　前者の学習は、個々の体験を知り、中国やサハリンにおける戦争中や敗戦下、残留中や帰国後の暮らしについて理解するための学習である。後者の学習は、個々の体験を通して、中国・サハリン残留の歴史的背景や今日的課題など北東アジアの過去や現在について考えるための学習である。無論、両者は明確に区分できるものではなく、学習内容として重なることもある。

　中国・サハリン残留日本人の生活体験を学習内容とする時、いくつかの取り上げ方がある。一つは、中国残留体験のみを取り上げることである。二つは、サハリン残留体験のみを取り上げることである。三つは、中国残留とサハリン残留の両体験を取り上げることである。本書ではいずれも、総称として「中国・サハリン残留日本人学習」とするが、一つ目の学習は中国残留日本人学習、二つ目の学習はサハリン残留日本人学習と言い換えることもできよう。（表5-4参照）。

表 5-4　中国・サハリン残留日本人学習で取り上げる生活体験と名称

中国・サハリン残留日本人学習			
取り上げる生活体験	中国残留体験	サハリン残留体験	中国残留とサハリン残留の両体験
名称	中国残留日本人学習	サハリン残留日本人学習	中国・サハリン残留日本人学習

さて、中国・サハリン残留日本人の体験に学習者が迫る方法として、次の四つの方法がある。一つは、体験を直接に聞く方法である。二つは体験を間接的に聞く方法である。三つは記念館を訪れる方法である。四つは教師が授業（単元）をつくることである。本節では、以下に具体的に述べる。

（1）体験を直接に聞く

　学校現場では、戦争体験を聞き取る実践は現在でもなされている。近年の実践として、橋本一秋（2012）は、総合的な学習の時間を使い、体験者を教室に招いて聞き取りを行う実践を報告している。また、岩田彦太郎（2018）は、夏休みの課題として戦争体験者への聞き取りに取り組む実践を報告している。岩田は戦争中の体験を聞き取ることについて、それは不可能ではなく、むしろ聞き取りの実践を行うべきだと述べている。

　体験者から直接に聞く場の設定としては大きく二つあるだろう。一つは教員が設定して体験者を教室に招き、児童・生徒が体験者の話を聞くことである（教員設定型）。もう一つは児童・生徒が自ら体験者を探し出し、体験者の話を聞くことである（生徒探究型）。教員設定型の場合、クラスや学年単位など、大勢の児童・生徒が一度に体験を聞くこともあるが、少人数の児童・生徒が輪になって体験を聞くこともある（橋本実践）。また、生徒探究型の事例として先の岩田実践がある。ここでそれぞれの実践について紹介しよう。

　橋本実践では、中学校第3学年後期の総合的な学習の時間を使い、「これからの私、そして私たち」という学年テーマのもと複数のコースが設定されている。その一つが「戦争体験を継承しよう」というコースである。埼玉県平和資料館による出前授業等の事前学習を経て、戦争体験者からの聞き取り（50分×6コマ）を行う。聞き取りは戦争体験者1名につき、生徒5、6名のグループを編成し、生徒には質問を毎時間10以上準備させるようにするとともに、会

話の中で浮かんできた疑問も質問するよう促している。

　岩田実践は、中学校一学期の授業で十五年戦争の学習を行い、広島への修学旅行や被爆者の方を学校に招くなどの取り組みをしたうえで、「戦争中の記憶」を身近な高齢者に聴いている。ただ、戦争体験者が見つからない場合を想定して友人と一緒に活動してよいことや、父母の世代からの「又聞き」、NHKの「戦争証言アーカイブス」の視聴、を可とした。聞き取りのポイントとして、「①終戦の時、どこで、何をしていらっしゃいましたか」「②身近に戦争で亡くなった方はいらっしゃいますか」という質問は必ずするようにしたという。

　橋本実践も岩田実践も大変興味深いが、中国・サハリン残留日本人の体験を聞き取るとなると、難しい面がある。特にサハリンの場合は北海道在住者が多いため、本州・四国・九州の児童・生徒が直接に聞ける機会はあまりない。ただ、中国残留日本人の場合は、場所によれば、体験者数人を探し出すことも可能だろう。聞き取りができた場合、橋本が述べる以下の要点は参考になると思われる。

---

①事前指導を行い、興味・関心・意欲を高めながら、聞き取りの技術を身に付けさせる。
②体験者の話を一方的に聞くのではなく、生徒が主体性を発揮して聞き取る活動を中心にする。
③聞き取る活動の時間を、できる限り多く確保する。
④体験者と生徒との間に、話をしやすい人間関係ができるよう促す。

　語りを聞くといっても、話し手があらかじめ用意した体験（語り）を受け身で聞くことと、聞き手が問題意識をもって、あるいは質問を用意して体験（語り）を聞くのとでは質的な違いが生まれるはずである。前者の場合は、聞き手に当時の知識がそれほどなくても聞

くことはできるが、後者の場合は、ある程度の背景知識を要する。語られた体験の意味を理解しながら、主体的に体験を聞くことができるように、背景知識の習得を可能とする事前学習が必要になる。

（2）体験を間接的に聞く

中国・サハリン残留日本人の高齢化に伴い、生活体験を直接に聞くことは難しくなっている。例えば、学校に来てもらい、子どもに語ってもらうにしても、高齢の残留日本人が一人でその学校を訪ねることは難しい。かといって人手の足りないといわれる学校現場で、教員が残留日本人の自宅まで行って、送り迎えをすることも容易なことではない。

そこでいくつかの代替方法がある。一つは、生活体験を記した記録を読むことである。二つは、生活体験を語る動画配信資料を活用することである。三つは、次世代の語り部に語ってもらうことである。四つは、学級担任や教科担任が伝えることである。換言すれば、一つ目と二つ目は体験者が発する言葉で体験を間接的に聞く方法であり、三つ目と四つ目は体験者以外の人間から体験を聞く方法だといえる（表5-5参照）。

表5-5　体験者から直接語りを聞く以外の代替方法

代替方法	具体例
体験者が発する言葉で生活体験を間接的に聞く方法	①生活体験を記した記録を読む
	②生活体験を語る動画配信資料を活用する
体験者以外の人間から生活体験を聞く方法	③次世代の語り部に語ってもらう
	④学級担任や教科担任等が伝える

一つ目の記録を読む方法として、筆者は中国帰国者支援・交流センター編集・発行『二つの国の狭間で——中国残留日本人聞き書き

集』を活用した実践を試みたことがある。これは聞き書きの形で一人一人の残留日本人の体験が整理し集められたもので、残留日本人の言葉が大切にされた記録になっている。だが大学生であっても一部読みづらいという感想をもっていた。読みづらさを感じる学習者には、後者の動画配信資料を活用する手もある。

　動画配信資料は二種類ある。一つは、厚生労働省が収録し、同省ホームページで公開されている「中国残留邦人等の証言映像——運命の軌跡」（以下、「厚労省動画」）である。もう一つは、NHK が開設し、ホームページが作られている「戦争証言アーカイブズ」（以下、「NHK 動画」）である。「厚労省動画」でも「NHK 動画」でも同じ残留日本人が登場する場合もある。だが、「厚労省動画」は残留日本人が一人で語る形で編集され、「NHK 動画」は対話で語る形で編集されているため、同じ残留日本人でも語る体験内容が多少異なる。同じ体験であっても、どのように聞き出すかによって語る内容が異なる点が興味深く、動画配信資料を比べればその点にも気づくことができるだろう。

　学校教育における動画配信資料の活用の仕方は「NHK 動画」でも紹介されている。そこに登場する中條克俊（2015）は別稿にてアーカイブスを活用した授業実践（2011 年中学 3 年対象の実践）を次のように提示している。

　（1）授業「アーカイブスに学ぶ」
①男女一人ずつの証言者を教員が選び、証言者による証言を聞く。
②戦争証言者が伝えたいこと、証言者から学んだこと、証言者の話を聞いてこれからできることを考える。
　（2）課題「私が学んだアーカイブス」
①夏休みの課題にして、生徒が関心ある二人の証言者のインタビュー動画を視聴する。

②証言を聞いて学んだこと、意見、感想等を書く。

③さらに詳しく知りたい生徒には、検索項目「番組」「日本ニュース」「戦時録音資料」「特集」をクリックして、学びを深めることを勧める。

　また、アーカイブスを活用した授業実践で活用したワークシートは次のような項目からなっており、聞き取りの基本的事項として役に立つように思われる（表5-6参照）。

表5-6　NHK証言アーカイブズで使用するワークシート

証言者	証言者名	
	収録年月日	
証言者のプロフィール	生年月日	
	入隊年月日	
	兵隊経験	
	戦地	
	その他	
関連する地図と必要な情報	地図（省略）	
	メモ	
証言の内容 証言者が伝えたいこと		
証言者から学んだことや感想		
証言者の話を聞いてこれからできること		

※中條（2015）を基に一部加除修正して筆者作成

　このほか、筆者が試みた別の方法（2018年度大学1年生対象の実践に基づく）に次のようなものがある。まず、教員が何人かの体験者を紹介してどの体験を聞きたいかを学習者に選択させる。次に、学習者が各自のコンピューターを用いて視聴する。そして、調べた

第5章　中国・サハリン残留日本人学習の展開　　161

体験を知らない者同士で共有するという方法である。この方法は小学校第6学年でも可能と考えられる。

以下は、上の方法を用いて、サハリン残留日本人の生活体験に見る共通点を考えさせるようにした実践事例である。

1. 授業名

「サハリン残留日本人の生活体験を考える」

2. 授業目標

戸倉冨美さん（1925年生まれ、2009年に永住帰国、帰国当時84歳）か、伊藤實さん（1928年生まれ、1997年に永住帰国、帰国当時69歳）のどちらかの生活体験を選択し、動画配信資料を通して調べてレポートにまとめ、他者にサハリン残留日本人の生活体験を伝えるとともに、サハリン残留日本人の生活体験に見る共通点について考える。

3. 授業計画

主な学習活動	主な指示・発問	留意点
1. サハリン残留に関わる歴史を知る。	・日ソ戦が始まり、サハリンに住む人々はどうなったのか。	
2. サハリン残留日本人の体験を調べる計画を立てる。	・サハリン残留日本人はどのような体験をしたのだろうか。	・戸倉冨美さんか伊藤實さんかを選択させる。
3. サハリン残留日本人の語りを聞き、まとめる。	・どのような体験をしたのか、どのような感想をもったのかをまとめよう。	・レポートのまとめ方の例を示す。
4. サハリン残留日本人の体験について伝え合う。	・自分の調べたサハリン残留日本人の体験を知らない人に伝えましょう。	・ペアをつくり、知らない者同士で伝え合う。
5. サハリン残留日本人の体験や暮らしに見る共通点を考える。	・戸倉さんと伊藤さんの体験や暮らしに共通することは何だろうか。	・ペアで考え合う。

次に、「戦後世代の語り部」に語ってもらう方法である。戦後世代の語り部とは、国の「戦後世代の語り部育成事業」（2016年）に

より中国帰国者支援・交流センターなどに委託された事業で、中国・サハリン帰国者の生活体験を聞き取るなど、同センターで3年間の研修を経た、帰国者の労苦等を語る伝承者を指す。同センターからの語り部の派遣は2019年10月から始まる予定である。

　そして四つは、学級担任や教科担任等が語る方法である。これは担任等が体験者の語りを理解したうえで、体験の内容を子どもに伝える方法である。ホームルームの時間や教科の時間、特設の授業時間等を使って伝えることが考えられる。信頼を寄せている先生が語る実話として子どもが真剣に耳を傾けることが期待される。

（3）記念館を訪れる

　ここで紹介したいのは、長野県下伊那郡阿智村にある満蒙開拓平和記念館である。同記念館は、満蒙開拓に特化した民間運営の記念館で、2013年4月に開館した。満蒙開拓団は多くの犠牲者を出したが、同記念館が開館するまで、その史実を語る記念館は、茨城県水戸市の内原郷土史義勇軍資料館を除けば、全国のどこにもなかったといわれる。記念館の構想から開館にこぎつけるまでの想いを、現館長である寺沢秀文は次のように記している（寺沢：2013：222）。

　「満蒙開拓を語り継ぐことの必要性を信じ、記念館を建て、これを通じて満蒙開拓の史実を残し、このことから学び、平和を語り継いでいかなくてはならない、その強い思いは、私を含め記念館の構想に関わってきた誰もが同じであり、足かけ八年を要しながらも、この間一度も誰からも『もう止めよう』という言葉が出ることはなかった」。しかし、この八年間の間には、次のような感情が沸いてきたという。つまり、「国策で進められた満蒙開拓であるのに、何故、民間人である我々が、無償ボランティアで、夜も眠れず、家にも帰れずにこうして時間を割かなくてはならないのか。開拓団を送り出した国や行政や教育界は一体何をしているんだという義憤にも似た怒り」である。教育関係者は記念館設立者の思いにどう応える

第5章　中国・サハリン残留日本人学習の展開　　163

写真 5-2　満蒙開拓平和記念館

かが問われている。

　開館した後は、1年目に3万0,609人が来館し、2年目は2万9,719人、3年目2万7,069人と続いた。年間5,000人の来館者を予定していた所、初年度に3万人を超える結果となった。鉄道も通らない場所にある、132坪という小さな記念館でありながらの結果である。寺沢館長は、改めて満蒙開拓の史実を語り継ぐことの意義の大きさが実証できたと述べている（2016: 817-818）。

　同記念館では、理念として「全国で最も多くの開拓団を送出した長野県南部に『満蒙開拓』に特化した記念館を設置し、歴史・資料の記録・保存・展示・研究を行い、後世に正しく歴史を伝えるための拠点」とすること、「満蒙開拓語り継ぎ活動の拠点、残留邦人の交流の場として、さらに日中友好事業活動等に寄与しうる拠点施設」とすること、「戦争、そして多くの満蒙開拓移民を送り出した〈負の歴史〉から、アジア・世界に向けた『平和・共生・友好の未来』創造への発信拠点」とすることを掲げている。その理念の下、平和学習教育プログラムの提供、修学旅行などの受け入れ、「語り

部」定期講話の実施、証言映像の上映、学習会やセミナーの開催等の平和教育活動を行っている。

　常設展示は、「1 序章　時代を知るタイムトンネル」、「2 大陸へ　映像で見る満洲」、「3 新天地満洲　希望の大地」、「4 敗戦と逃避行、絶望の彷徨」、「5 証言　それぞれの記憶」、「6 引揚げ・再出発　失意の帰還」、「7 望郷　山本慈昭と残留孤児」、「8 平和な未来へ　今、私たちができること」の八つで構成されている。

　「8 平和な未来へ　今、私たちができること」に記された「未来に向かって」の言葉は、我々が満蒙開拓の歴史とどう向き合うのか、それをどう活かすのかについてのヒントを与えてくれるように思われる（以下参照）。また、満蒙開拓平和記念館で語り部による体験を聞き、また同記念館で活動するピースラボの解説を聞きながら、常設展示等を見て学ぶことで、当時の歴史を深く知ることができる。

未来に向かって

あの時代に問いかけてみます。
なぜ、「満洲」へ行ったのですか。
今を生きるあなたに問いかけてみます。
あの時代に生きていたら、どうしますか。

日本と中国双方の人々に
多くの犠牲を出した
「満蒙開拓」とは何だったのでしょうか。

長く人々の心の奥に
閉ざされていた記憶に寄り添い
向き合いにくい真実に

第5章　中国・サハリン残留日本人学習の展開　　165

目を向ける時がきました
この歴史から何を学ぶのか、
私たちは問われています。
「負の遺産」を「正の遺産」へと
置き換えていくこと、
その英知が私たちに問われています。

歴史に学び、今をみつめ、未来をつくる。
同じ過ちをくりかえさないために、
平和な社会を築くために

(4) 授業（単元）をつくる

　この方法は学校教員ならではの方法である。授業（単元）をつくる方法は大きく二つに分かれる。一つは、残留日本人の生活体験について学ぶ学習である。もう一つは、残留日本人の生活体験を通して学ぶ学習である。まずは、前者の方法を紹介する。

　先述の通り、残留日本人の生活体験について学ぶ学習は、中国やサハリンにおける、戦争中や敗戦下、残留中や帰国後の暮らしについて理解するための学習である。従って、そのような暮らしについて子どもが問題意識をもって取り組めるようにすることが求められる。

　一つの方法として教科書記述の活用が考えらえる。先述したように、例えば小学校の社会科教科書には「満洲にソビエト連邦（ソ連）軍がせめこみ、やがて樺太南部、千島列島にもせめこんできました。8月15日、日本はついに降伏し、アジア、太平洋の各地を戦場とした15年にもわたる戦争が、ようやく終わりました」とある。「満洲へ移住した人々」「満洲移住をよびかけるポスター」の写真を示しながら、「満洲に移住した人々は8月9日以降、どうなったのだろうか」「8月15日には戦争は終わったのだろうか」と発問

をする。その問いについて、子どもは考え、体験談を聞き、最後に感想を交流しまとめるのである。あるいは、予想し、各自で調べてみて、そのうえで体験を聞き、感想交流しまとめる、という方法もある。

　以上の学習展開は基本的には、「つかむ」、「調べる」、「まとめる」の単元づくりであり、小学生以上であれば実践できる方法である（図5-1参照）。

学習過程	つかむ	調べる	まとめる
指示・発問	満洲に移住した人々は8月9日（あるいは8月15日）以降、どうなったのだろうか。	○○さんの体験を聞いてみよう。	○○さんの体験を聞いて思ったことをまとめよう。

図5-1　中国・サハリン残留日本人学習における単元をつくる方法の例

　次に後者の、残留日本人の生活体験を通して学ぶ学習を紹介する。中国・サハリン残留日本人は、かつては満洲移民、樺太移民ともいわれていたことから、移民学習の知見に学ぶことは重要だと考える。筆者はかつて、大津編『日韓中でつくる国際理解教育』に紹介された、「『移民』から考える——日韓共通読み物資料の活用」（中学生・高校生版）（以下、「中学生版移民学習」とする）の実践的検証から、中学生版移民学習に次のような意義があることを指摘した（太田：2019）。

　第一に生徒は、日系、コリアン系両方の移民の経験やその歴史を学ぶことで日韓移民の共通点を見い出したことである。第二に、本国帰国者2世、3世を取り上げ、その考え方を知ることで、アイデンティティのあり方について考えることができたことである。第三に、移民学習を教える教師自身も日本に対する見方に変容がうまれたことである。これら三つの意義から、日韓両国の移民経験を共に

学び、その共通点を探す学習、本国帰国者2世、3世について学ぶ学習の重要性が確認できた。これらは、中国・サハリン残留日本人学習の単元づくりにも活かされるべきと考えられる。

　ただ、上述の実践に取り組んだ韓国の教師からは、移民史に生徒が興味をもてないことと、移民を考えることの難しさという課題も挙げられた。このことは日本の生徒にも当てはまることだとすれば、検討すべき重要な課題である。推測の域を出ないが、次のような問題が考えられる。

　第一に、なぜハワイの移民史を学ばなければならないのかという、生徒にとっての学びの必然性の問題である。つまり、生徒がハワイの移民史を学びたいと思うような問題意識がもてたかどうかである。第二に、なぜ自国のみならず、外国の移民史をも学ばなければならないのかという学びの必要性の問題である。換言すれば、外国である日本、あるいは韓国の移民経験を学びたい、考えたいと思うような問題意識がもてたかどうかである。加えて、移民を送り出すその国の歴史的背景を知る必要もあり、その点での支援も必要になる。第三に、学習展開を見る限り、使用された資料がすべて読み物資料だということである。つまり、生徒が文字資料のみを通して、移民経験のイメージがもてたかどうかである。

　これらの問題を克服するためには、第一に、生徒がハワイの移民史を学びたいと思うような導入の工夫、とりわけ学習課題の設定が重要と考える。第二に、外国の移民史を学びたいと思うような学習過程の工夫が求められるだろう。中国・サハリン残留日本人学習においては、残留日本人の生活体験を追究する中で、中国人養父母や朝鮮半島出身者が登場する。それらの登場人物を活かしたり、残留日本人の心情と重ね合わせながら、日本人以外の移民史・残留史にも目を向けられるようにすることである。第三に、写真資料や動画資料等を効果的に活用することで、移民のイメージがもてない生徒への学習支援をしていく必要があると考える。

168

以上は、中国・サハリン残留日本人学習の単元づくりの視点になると考える。これを踏まえた授業事例は次節で紹介する。

6. 中国・サハリン残留日本人学習の授業事例

（1）中国残留日本人学習の授業

　ここで紹介する事例については、前章で取り上げた「体験を直接に聞く」、「授業（単元」をつくる）」方法を採用し、残留体験だけでなく、移民（植民）の経緯についても取り上げた授業構想である。なお、学習内容・方法については、対象学年（小学生から高校生を想定）に応じて弾力的に運用するものとする。

1）目標

　満洲移民に関心をもち、敗戦前後の戦争被害や残留者の残留中や帰国後の暮らしについて調べ、戦後日本人の引揚げが遅れた理由や、中国に残留・定住した朝鮮人の歴史について理解し、戦後日本人の移動が制限された要因や残留が及ぼした影響について考える。

2）単元について

　単元は九つのパートで構成される（各パート1時間、聞き取り調査については各4時間、計15時間である）。一つ目のパート「満洲移民と中国残留」では、満洲移民や中国残留に関心をもち、「満洲に多くの日本人がいたのはなぜか。満洲にいた日本人は、戦後どうなったのか」という問題意識がもてるようにする。二つ目のパート「満洲移民送出の背景と満蒙開拓団」では、満蒙開拓が国策として進められた背景や、ソ連参戦後に満蒙開拓団がどのような問題に直面したのかを考えられるようにする。三つ目のパート「聞き取り調査Ⅰ」では、敗戦当時満洲にいた人から聞き取り調査を行い、当時の様子が分かるようにする。四つ目のパート「中国人養父母」では、

中国人養父母はどのような経緯と心情で日本人の子どもを育てたのかが分かるようにする。五つ目のパート「中国残留日本人」では、なぜ中国に残留者が出たのかについて考えるとともに、「中国帰国者は、戦後の中国をどのように暮らし、帰国後はどのように暮らしたのだろうか」という問題意識がもてるようにする。六つ目のパート「聞き取り調査Ⅱ」では、中国残留日本人から聞き取り調査を行い、中国残留中や帰国後の様子が分かるようにする。七つ目のパートでは、中国帰国者2世、3世を取り上げ、それぞれが抱えている課題について考えられるようにする。八つ目のパートでは、中国残留（定住）朝鮮人を取り上げ、朝鮮人が中国に残留（定住）することになった背景が分かるようにする。九つ目のパート「まとめ」では、中国を事例に人が移動を制限される要因や残留が及ぼす影響について考え、これまでの学びを振り返る。

3）授業計画

	主な学習活動	主な指示・発問	獲得させたい知識等	資料
①満洲移民と中国残留	1. 小学校（または中学校）の社会科教科書を読んで考える。	・満洲にいた人はソ連参戦や8月15日以降はどうなったのか。	〔児童・生徒の考え〕	1
		・中国残留孤児とあるが、なぜ残留孤児が出たのか。	〔児童・生徒の考え〕	2
	2. 大日本帝国圏内の植民地にいた日本人の概数を知る。	・1945年の敗戦時に、大日本帝国の植民地にどのぐらいの日本人がいたのか。	・満洲には約155万人、朝鮮には75万人、樺太には40万人、台湾には38万人、南洋には7万人がいた。	
	3. 満洲にたくさんの日本人がいたわけを考える。	・なぜ満洲に日本人がたくさん住んでいたのか。	〔児童・生徒の考え〕	
	満洲に多くの日本人がいたのはなぜだろうか。満洲にいた日本人は戦後どうなったのだろうか。			

170

	学習活動	発問	予想される考え・資料	
	4. 学習の見通しをもつ。	・学習計画を立てよう。		
②満洲移民送出の背景と満蒙開拓団	1. 旧満洲の地図や写真を見る。	・満洲はどんなところだったのだろうか。	〔略〕	③④
	2. 日本人が満洲に移り住むようになったきっかけを考える。	・日本人が満洲に移り住むようになったきっかけは何だろうか。	・日露戦争後のポーツマス条約で旅順・大連の租借権と長春以南の鉄道利権を得たこと。	
	3. 満洲事変後に満洲の日本人人口が増えた理由を考える。	・満洲事変後に満洲の日本人人口が増えたのはなぜだろうか。	・満洲国が出来たから。ブラジル移民が制限され、国策として進められたから。	
	3. 「20カ年百万戸送出計画」が出された背景を考える。	・「20カ年百万戸送出計画」が出されたのはなぜか。	・人口増加、農村の貧困問題、対ソ連対策、ブラジル移民制限など。	
	4. 満蒙開拓の居住地を調べる。	・満蒙開拓は中国のどこに住むようになったのか。	・都市から離れた農村や、ソ満国境付近など。	③
	5. 満蒙開拓団が所有した土地ついて考える。	・満蒙開拓団は「開拓」をして土地を得たのだろうか。	・当初は、未墾地を開拓する計画だったが、実際には開拓団の多くは開墾地が与えられた。	
	6. 満蒙開拓青少年義勇軍が組織された背景を考える。	・満蒙開拓は計画通りに進んだのか。	・日中戦争が起こり、計画通りに進まず、満蒙開拓青少年義勇軍が組織された。	⑤
	7. 満蒙開拓として渡った日本人の数を知る。	・満蒙開拓として渡った日本人は何人いたのか。	・最終的な送出数（開拓団と義勇隊の合計）は27万人以上。〔児童・生徒の考え〕	⑥
	8. ソ連参戦後の満蒙開拓団の様子について考える。	・ソ連参戦後、満蒙開拓団はどうなったのだろうか。		
	1. 当時満洲にいた人の話を聞くための準備をする。	・体験者の話を聞く準備をしよう。	・満洲移民の歴史や聞き取りたいことを整理する等。	⑦
	2. ソ連参戦前後の満洲での暮らしの様子を聞く。	〔略〕	直接の聞き取りが難しい場合は右の資料等を活用して調べる。	

	主な学習活動	主な指示・発問	獲得させたい知識等	資料
③聞き取り調査Ⅰ	3. 聞き取った内容をまとめる。 4. 聞き取り内容や方法について振り返る。	〔略〕 ・聞き取りでよかったことは何だろうか。改善点は何だろうか。	〔略〕 〔略〕	
④中国人養父母	1. 戦後中国に残された人々の暮らしを話し合う。 2. 戦後の中国に残された子どもの暮らしを考える。 3. 中国人養父母の記録を読んで考える。 4. 中国人養父母にとっての「満洲国」時代を考える。	・戦後中国で日本人はどのような暮らしをしていたのか。 ・子どもはどのようにして生き残ることができたのだろうか。 ・中国人養父母はどのような経緯で日本人の子どもを育てたのか。 ・記録からどのようなことが分かるだろうか。 ・中国人養父母にとって満洲はどのような国だったといえるだろうか。	・収容所等で生活し、食べ物は十分になく、劣悪な環境で暮らした。 〔児童・生徒の考え〕 ・日本人女性にお願いされて子どもを預かった、など。 ・養父母は実の子どものように育てた、つらい気持ちで子どもの帰国を促した、など。 ・暴力をふるわれる危険性があった、今は「偽満」と言われる、など。	8 9
⑤中国残留日本人	1. 戦後中国の引揚げ時期を知る。 2. 戦後、在満日本人が帰国できなかった理由を考える。 3. 引揚事業が断続した理由を考える。 4. 残留者が出た理由を考える。	・戦後中国にいた日本人はいつ帰国できたのか。 ・満洲で日本人が過酷な生活をしていたのに、なぜすぐに帰国できなかったのか。 ・なぜ引揚げが中断していたのか。 ・引揚船があったのに、なぜ帰れない人が出たのか。	・1946年5月～1949年10月。1953年3月～10月まで。 ・政府からは「現地定着方針」が出されたが、米軍や国民党軍の思惑で引揚げ（送還）が決まった。 ・国交の問題や東西冷戦の影響。 ・養父母や配偶者に対する恩義、情報不足など。	10

172

⑤中国残留日本人	5. 残留日本人が帰国するまでの日本政府の取り組みを調べる。	・残留日本人に対し、日本政府はどう対応したのだろうか。	・1959年に「戦時死亡宣告」を出した。 ・1972年の日中交回復以降に残留孤児の肉親探しを始めた、等。	⑪
	6. 中国残留日本人の残留中や帰国後の暮らしを考える。	・残留日本人は残留中、どのような暮らしをしたのだろうか。 ・帰国後は幸せに暮らしたのだろうか。	〔児童・生徒の考え〕	

中国残留者は、戦後の中国をどのように暮らし、帰国後はどのように暮らしたのだろうか。

⑥聞き取り調査Ⅱ	1. 中国残留中の暮らしや帰国後の暮らしを聞くための準備をする。	・中国残留日本人の体験を聞く準備をしよう。	〔略〕 直接の聞き取りが難しい場合は右の資料等を活用して調べる。	⑫
	2. 中国残留日本人の話を聞く。	〔略〕		
	3. 聞き取った内容をまとめる。	〔略〕	〔略〕	
	4. 聞き取り内容や方法について振り返る。	・聞き取りでよかったことは何だろうか。改善点は何だろうか。	〔略〕	
⑦中国帰国者二世三世	1. 帰国者2世、3世が直面している課題を調べる。	・帰国者2世、3世はどのような課題に直面しているのだろうか。	・2世は日本語に苦労し、労働意欲を喪失するなど。	⑪
	2. 中国帰国者3世の考えを知る。	・中国帰国者3世はどのような考えをもっているのだろうか。	・3世は世代間コミュニケーションの問題を抱え、アイデンティティに悩むなど。	⑬
	3. 中国帰国者3世の考えについて感想交流を行う。	・中国帰国者3世の考えについてどのように思ったか。	〔各自の考え〕	

	主な学習活動	主な指示・発問	獲得させたい知識等	資料
⑧中国残留朝鮮人	1. 満洲に渡った朝鮮人について知る。	・開拓団として満洲に渡ったのは日本人だけだろうか。	・朝鮮人開拓団や青年義勇隊も送られている。	14
	2. 戦後、朝鮮人が中国に残留（定着）した背景を考える。	・朝鮮の人は終戦後、どうなったのだろうか。	・長い中国での生活で帰るべき故郷をなくしてしまった人からなど。	
	3. 現代中国の朝鮮系人口を知る。	・現在の中国には、朝鮮族の人口はどのぐらいいるのだろうか。	・朝鮮族の人口は約192万人であり、延辺朝鮮族自治州に81万人が暮らす。	15
⑨まとめ	1. 中国で日本人が残留した要因を考える。	・中国で日本人が残留したのはなぜか。	・国交などの国際政治や制度の問題、家庭の事情等。	
	2. 中国で朝鮮人が残留・定着した要因を考える。	・中国で朝鮮人が残留・定着したのはなぜか。	・帰るに帰れなかった。中国共産党の方針を支持した、など。	
	3. 残留は人々の暮らしをどのようにしたといえるだろうか。	・中国に残留し、帰国した人の暮らしはどのようであったといえるだろうか。	・就労や就学、言葉や文化の壁での苦労の連続で、その苦労は帰国者2世、3世にも影響した。	
	4. これまでの学習を振り返り感想交流をする。	・これまでの学習を振り返り、感想を交流しよう。	〔児童・生徒の考え〕	

資料：①東京書籍『新しい社会6上』（平成26年検定済）p.139、②「中国残留孤児となった人たち」、東京書籍『新しい社会6上』、p.139、③満洲開拓民入植図（満蒙開拓平和記念館）④『大日本帝国の戦争1満洲国の幻影 1931－1936』1999年、毎日新聞社、⑤「満洲移住を呼びかけるポスター」東京書籍『新しい社会6上』、p.130、⑥加藤聖文（2017）『満蒙開拓団』岩波書店、p.218、⑦例えば本書第2章の中国残留体験、興安街命日会編（2015）『葛根廟事件の証言』新風書房、満蒙開拓を語り継ぐ会（2003）『下伊那のなかの満洲　聞き書き報告集Ⅰ』飯田市歴史研究所、他。⑧太平洋戦争研究会（1996）『図説満洲帝国』河出書房新社、p.136、⑨鮑海春他主編（2015）『中国养父母历史档案』（日本語名：中国養父母の歴史記録）』黒竜江人民出版社、浅野慎一・佟岩（2006）『異国の父母』岩波書店、⑩加藤聖文（2018）「誰が満洲引揚を実現させたのか」方正友好交流の会『星火方正』、⑪北海道中国帰国者支援・交流センター作成『中国帰国者、樺太等帰国者をご存知ですか』パンフレット、⑫例えば本書第2章の中国残留体験など。⑬NHKド

174

キュメンタリー「わたしは誰　我是誰～中国残留邦人３世の問いかけ」、[14]柳玉哲さんの話：石川亮太（2012）「延辺朝鮮族のライフヒストリー聞き取り」今西一編『北東アジアのコリアン・ディアスポラ』紀伊國屋書店、[15]満蒙開拓平和記念館編（2018）「満洲への朝鮮人移民特別展資料　朝鮮人移民を知っていますか」満蒙開拓平和記念館発行。

（2）サハリン残留日本人学習の授業

　ここで紹介する事例については、「体験を間接的に聞く」、「授業（単元」をつくる）」方法を採用し、残留体験を中心に取り上げている。なお、学習内容・方法については、対象学年（小学生から高校生を想定）に応じて弾力的に運用するものとする。

1）単元目標

　日本や朝鮮半島にルーツをもつサハリン残留者に関心をもち、戦後サハリンでの暮らしや日本や韓国に帰国した後の暮らしについて調べ、サハリン帰国者やその家族が抱える苦労や願い、心情、アイデンティティについて理解し、サハリンを事例に人が移動を制限される要因やその結果本人や家族に及ぼす影響について考える。

2）単元について

　単元は七つのパートで構成される（各パート１時間、計７時間である）。一つ目のパート「サハリン残留」では、サハリン残留に関心をもち、「サハリン残留者はサハリンでどのように暮らし、帰国後はどのように暮らしているのか」という問題意識がもてるようにする。二つ目のパート「残留生活」では、当時おおよそ成人年齢だった方の体験を取り上げ、残留の経緯や当時の生活の様子が分かるようにする。三つ目のパート「広がる家族」では、当時子どもだった方の体験を取り上げ、学校生活の様子を知るとともにその方が結婚しのちに家族が北東アジア各地に居住する様子が分かるようにする。四つ目のパート「残留朝鮮人」ではサハリンに多くの朝鮮人

第５章　中国・サハリン残留日本人学習の展開　　175

（韓人）がいたわけや、サハリン残留韓人が帰国できなかったわけ、残留者の帰国は朝鮮半島で待つ家族の願いでもあったことや、永住帰国後も苦労されていたことが分かるようにする。五つ目のパート「帰国者一世の今」では、サハリン帰国者1世の考えや心情を取り上げ、帰国者がもつ願いやアイデンティティについて考えられるようにする。六つ目のパート「帰国者2・3世の今」では、サハリン帰国者2・3世（学習者と年齢的に近い世代）の考えや心情を取り上げ、帰国者がもつ願いやアイデンティティについて考えられるようにする。七つ目のパート「まとめ」では、サハリンを事例に人が移動を制限される要因やその結果本人や家族に及ぼす影響について考えるとともに、イヒルパルを事例に国境や国籍を超えた協力が問題の解決に必要であることについて気づかせ、これまでの学びを振り返る。

3）授業計画

	主な学習活動	主な問い	獲得させたい知識等	資料
①サハリン残留	1. 終戦後のサハリンについて考える。 2. サハリンのその後の歴史を知る。 3. サハリン残留中や帰国後の暮らしを考える。	・8月15日を過ぎて樺太でも戦争は終わっただろうか。 ・サハリンに残留した人はいつ帰れたのだろうか。 ・残留者は何歳で帰国したのか。 ・残留中や帰国後の生活はどのような様子だったのだろうか。	・戦闘も終わらず、逃避行が続けられていた。 ・1946年からの前期集団引揚げと1957年の後期集団引揚げ。 ・戸倉冨美さんは84歳の時。 〔各自の考え〕	① ②
	サハリン残留者はサハリンでどのように暮らし、帰国後はどのような暮らしをしているのか。			
	4. 学習の見通しをもつ。	・学習計画を立てよう。		

②残留日本人	1. 終戦当時大人だった残留日本人の暮らしを調べる。 2. 調べたことをお互いに話し合い共有する。	・当時大人だったサハリン残留者は終戦後どのように暮らしたのだろうか。 ・調べたことや感想をお互いに伝え合おう。	・戸倉冨美さんの事例 ・伊藤實さんの事例	③
③広がる家族	1. 当時子どもだったサハリン残留日本人とその家族の暮らしを調べる。 2. サハリン残留者の家系図を作成する。 3. 家系図から見えてくることを話し合う。	・当時子どもだったサハリン残留者はサハリンでどのように暮らしたのだろうか。 ・サハリン残留者の家系図を作成してみよう。 ・家系図からどんなことが言えるだろうか。	・菅生善一さんの事例 ・家族が日本、サハリン、韓国、北朝鮮の各地に住んでいる。 ・家族と簡単には会えない。	④ ⑤
④残留朝鮮人	1. サハリンに多くの韓人がいたわけを知る。 2. 残留朝鮮人（韓人）の多くが1990年前後まで帰国できなかったことを知る。 3. 残留韓人の帰国後について調べる。 4. サハリン残留が本人や家族に与えた影響について考える。	・なぜ日本の植民地だった樺太に朝鮮の人がいたのだろうか。 ・残留朝鮮人（韓人）はなぜ自分の国に帰れなかったのだろうか。 ・帰国後は幸せに暮らせたのだろうか。 ・サハリン残留は本人や韓国で待つ家族にどのような影響を与えたのだろうか。	・移住したり徴用されたりして住んでいた。 ・韓ソ国交は1990年に成立。 ・ソ連は労働力を必要とし、日本は責任をもって帰国支援をせず、韓国やアメリカは放置した。 ・お互いのもつ文化の違いや就労の問題等で苦労した。 ・劉好鐘氏と洪泰任氏の事例	⑥
⑤帰国者一世の今	1. 北海道にあるサハリン帰国者の共同墓地の意味について考える。	・北海道の共同墓地にはどのような願いが込められているのだろうか。	・日本に骨を埋めたいという強い心情と、日本とサハリンの間を、カモメのように行き来できるようになりたいという願い。	

	主な学習活動	主な問い	獲得させたい知識等	資料
⑤帰国者一世の今	2. 日本で暮らすサハリン帰国者の悩みや苦労等について調べる。 3. 韓国で暮らすサハリン帰国者の悩みや苦労等について調べる。 4. 日韓で暮らすサハリン帰国者の共通点を考える。	・日本の帰国者は帰国後にどのような悩みをもっているのだろうか。 ・韓国の本国帰国者は帰国後にどのような悩みをもっているだろうか。 ・日韓で暮らすサハリン帰国者の暮らしにどのような共通点があるだろうか。	・言葉の壁、文化の壁等。 ・平山清子の事例。 ・言葉の壁、文化の壁等。 ・言葉の壁、文化の壁 ・慣れない生活環境、家族と簡単には会えないことなど。	7 8 9
⑥帰国者二・三世の今	1. 帰国者2世、3世が直面している課題を調べる。 2. サハリン帰国者3世の考えを知る。 3. サハリン帰国者3世の考えについて感想交流を行う。	・帰国者2世、3世はどのような課題に直面しているのだろうか。 ・サハリン帰国者3世はどのような考えをもっているだろうか。 ・サハリン帰国者3世の考えについてどのように思ったか。	・2世は就労意欲を喪失することや年金受給額が少ないことなど。 ・3世は世代間コミュニケーションの問題や言葉の問題による学習困難など。 ・アリーナとアリーサの事例。 〔各自の考え〕	7 10
⑦まとめ	1. サハリンで日本人や朝鮮人が残留をした要因を考える。 2. 国境を越えて見られる残留者・帰国者問題の共通点を考える。 3. これまでの学習を振り返り感想交流をする。	・サハリンで日本人や韓人はなぜ残留を強いられたのだろうか。 ・日本と韓国に見られる、サハリン帰国者とその家族が抱える共通の問題は何だろうか。 ・これまでの学習を振り返り、感想を交流しましょう。	・政府の放置。 ・国籍の違い。 ・冷戦体制。 ・自己意思残留者という見方。 ・家族に会えないこと、周りとの文化的言語的な障壁、高齢の親と離れることの心配。 〔各自の考え〕	

資料：①小学校または中学校社会科教科書（1945年8月15日の記述）、②戸倉冨美さん（1925年生まれ、2009年に永住帰国、帰国当時84歳）、伊藤實さん（1928年生まれ、1997年に永住帰国、帰国当時69歳）、菅生善一さん（1943年生まれ、2000年に永住帰国、帰国当時57歳）の写真、③「樺太等残留邦人の証言　戸倉冨美〜日本人としての覚悟　看護師としての使命〜」（https://www.youtube.com/watch?v=Y-Yfy1vYoyk：2018年10月28日閲覧確認）、「樺太等残留邦人の証言　伊藤實〜カザフスタン強制移住　遠き祖国への思い〜」（https://www.youtube.com/watch?v=HQ51_1vwFJA：2018年10月28日閲覧確認）、④「サハリン・北海道・仁川を行き来する──菅生善一」玄武岩他編著（2016）『サハリン残留　日韓ロ百年にわたる家族の物語』高文研、pp.120〜137、⑤家計略図は本書コラム④に紹介、⑥「帰国と離散家族の再会」崔吉城（2007）『樺太朝鮮人の悲劇──サハリン朝鮮人の現在』第一書房、pp.205〜209、⑦「永住帰国と課題」北海道中国帰国者支援・交流センター発行、⑧「永住帰国」崔吉城（2007）、前掲書、pp.238〜240、⑨「韓国に『永住帰国』した日本人女性──平山清子／シン・ボペ」玄武岩他編著（2016）、前掲書、⑩「戦後サハリンで生き抜いた母と帰国三世の孫のアイデンティティ─川瀬米子」pp.52〜58、玄武岩他編著（2016）、前掲書

7．中国・サハリン残留日本人学習の授業実践

（1）小学校での実践

　ここでは小学6年生を対象とする授業実践を紹介する。ここで紹介するのは「戦争孤児」の観点から中国残留孤児を捉えた実践である。

　筆者は2016年度に兵庫県のある小学校（A小学校）で授業（計7時間）を行う機会を得た。兵庫県、なかんずく神戸は、戦争孤児が多く生まれた場所の一つである。また、中国から帰国した残留孤児が暮らしている場所でもある。中国残留孤児の、現況については、地方紙等でも取り上げられている。

　戦争孤児（戦災孤児）は戦争によって親や親戚をなくし、住む家も財産もなく、靴磨きなど不安定な収入で生きざるを得なかった子どもである。焼け野原となった大都市の駅周辺で暮らしていたことから「駅の子」ともいわれた。本人の意思とは無関係に施設等に収

容されるなど、「狩り込み」（浮浪児狩り）の対象にもされた。生きていく中で差別され、「野良犬」のような扱いを受けた戦争孤児は少なくない。他方、中国残留孤児は、日本の旧植民地下で孤児となったために、日本帝国の落とし子として時に周囲から見下され、帰国後も異なる文化的背景をもつがために日本人として受け入れられず、日本語や就労、就学等の面で苦労し、生活保護を受けるなどして暮らさざるをえなかった。戦争孤児にしても中国残留孤児にしても、家族や社会からの保護を必要とする年齢層でありながらも、孤児となったがために社会的経済的底辺を生きざるを得なかった点は共通している。神戸空襲を含めた日本各地の戦争被害をとりあげ、戦争の始まりや終わり、そして、戦争孤児や中国残留孤児と向き合う授業実践を行った。授業名、授業目標、授業展開は以下の通りである。

1）授業名
「神戸から 70 年前の戦争をみつめよう」（全 7 時間）

2）授業目標
　映画『火垂るの墓』を通して神戸空襲に関心をもち、日本各地の戦争被害や戦争孤児、それらをもたらした満洲事変以降の歴史について調べ、戦争の終結日について多面的に考え判断し、中国残留孤児の労苦や現在の状況について理解することができる。

3）授業展開

	学習活動	主な発問・指示	留意点
①火垂るの墓	1．映画『火垂るの墓』の一部を見て話し合う。	・映画『火垂るの墓』の舞台設定はどこだろうか。 ・清太のような子どもを何というだろうか。 ・当時戦争孤児はどのぐらいいたのだろうか。	・映画のあらすじを伝え、内容を共有できるようにする。 ・映画を、神戸空襲や戦争孤児に関心をもつきっかけにする。

180

②神戸空襲	1. 神戸空襲について調べたことを発表する。 2. 神戸空襲の被災体験を聞いて、感想を伝え合う。	・神戸空襲はいつあったのだろうか。また、どのような被害があったのだろうか。 ・被災体験を聞いてどのような感想をもったか。	・神戸空襲で被災した方の動画映像を用意する。
③④戦争孤児	1. 日本各地の戦争被害について調べ、発表する。 2. 戦争孤児について調べ、感想を伝え合う。	・神戸以外ではどのような戦争被害があったのだろうか。 ・戦争孤児はどう生きてきたのだろうか。	・戦争孤児となった方の動画映像を用意する。
⑤戦争の始まり	1. 戦争の始まりについて考える。 2. 当時の新聞を読む。 3. 満洲事変以降の歴史を調べる。	・日本に大きな戦争被害をもたらした戦争はどのようにして始まったのだろうか。 ・昭和16年12月9日付の新聞には何が書かれているか。 ・真珠湾攻撃にはどのように至ったかを調べよう。	・当時の国民は新聞をどう受け取ったかを考えさせる。
⑥戦争の終わり	1. 戦争の終わりについて考える。 2. 資料を見て調べる。 3. 戦争の終わりについて話し合う。	・戦争はいつ終わったのか。 ・なぜ8月15日といえるのか。 ・様々な資料を見て考えよう。 ・戦争はいつ終わったのか。	・降伏文書の調印日や日本の北方の戦争について調べたり、戦争体験者の話を聞いたりして考えさせる。
⑦中国残留孤児	1. 中国残留孤児について考える。 2. 中国残留孤児の人生や思いを知る。 3. 神戸に住む中国残留孤児の願いを知る。	・中国残留孤児とはどのような人だろうか。 ・中国残留孤児はどのような人生を歩んだのだろうか。 ・神戸にも残留孤児の方がいます。今はどのような暮らしをしているのでしょうか。	・教科書の挿絵を活用する。 ・残留孤児となった方の動画映像を用意する。 ・神戸新聞の記事等を活用する。

4）学習者の学びと考察

　この授業を受けた子どもは単元最後の振り返りに、次のように記している。

　　　戦争はやってはいけないことだと改めて思いました。日本の真珠湾攻撃や資源をえるための東南アジア進出も太平洋戦争が始まった原因です。太平洋戦争で、神戸空襲や東京大空襲、原爆投下などのたくさんの戦争被害が出て、たくさんの人が亡くなりました。そして終戦の日が過ぎても決して良い生活ができるのではなく、親がいない戦争孤児が全国でおよそ12万人にものぼり、満洲へ渡っていた中国残留孤児も生まれ、とてつもない苦労がまっていました。今でもつらい思い、悲しい思いをしている人が多く、差別を受けていたことをこの学習で初めて知りました。戦争は人の幸せ、少し言い過ぎかもしれませんが、人の人生の自由をうばいます。なので、戦争は二度としていはいけないことだと思います。（児童A）

　児童Aは、戦争孤児や中国残留孤児について「今でもつらい思い、悲しい思いをしている人が多く、差別を受けていたこと」を知ったと述べている。戦争は「人の幸せ」を奪い、「人生の自由」を奪うとも述べている。この表現から、戦争は、人生の一時点の問題ではなく、人生全体の問題であるという思考が読み取れる。まさに、中国残留孤児の置かれた状況に当てはまるだろう。

　この他、中国残留孤児に関しては、以下のような記述も見られた。

　　　中国残留孤児の人は、本当に居場所がないのだと思った。中国では日本人は鬼だといわれ、日本では日本人なのに中国語をしゃべるから中国人だと差別されているから。そのよう

182

な人たちはどのような思いで暮らしているのかを考えた。「絶望」。生きていることが苦痛なのかなと思う。（児童B）

　中国残留孤児についても初めて知り、本当は日本人なのに長い間、母国日本に帰ってこられず、日本に帰ってきても、中国語しか話せないため差別され、苦しい生活を送っていることが分かりました。国ももっとその人たちのために、働く職場を探してあげることや、働けない人には、他の国よりも少し多めにお金をあげるなど対策を考えないといけないと思う。（児童C）

　児童Bの振り返りでは、中国残留孤児が向き合わざるを得なかったアイデンティティの問題について触れられ、中国残留孤児の心情を想像している。そして児童Cの振り返りでは、中国残留孤児が抱える問題を取り出し、その対策を考えている。また、本実践を通して子どもは、中国残留孤児の心情や置かれた環境を知り、あるべき政策を考え始めたといえる。

　ただ、児童Bの感想に「絶望」「生きていることが苦痛」とある。しかし、中国残留孤児とその家族に苦労や悩みがあるからといって、絶えず「絶望」しながら生きているわけではない。本実践では、映像資料を活用することが少なくなかったが、映像資料は、戦争体験者の被害や願いが視聴者に分かりやすいように編集されてある。その意味では、現在を生きる中国帰国者との出会いは重要である。高齢とはいえ、健在の中国残留孤児はいるのであり、直接話を聞ける場を設けるようにすること、そして、中国残留孤児が体験してきた苦労や抱えている悩み──戦争体験に向き合うことの辛さ、日本社会への適応、自らのアイデンティティ、言語習得、日中間の平和、家族の就学や就職、高齢化する中国残留孤児の介護問題など──への深い理解につなげることが課題である。

(2) 高校での実践

第1章「4. 中国・サハリン残留日本人学習の方法」で紹介した「(2) 体験を間接的に聞く」と「(4) 単元をつくる」を組み合わせた、高校2年生を対象とする授業実践を紹介する。筆者は2018年度に千葉県のある高校（A高校）で、2年生を対象とする授業（90分間）を行う機会を得た。なお、この授業のゴールは、中国残留者の体験を学ぶことの意味を考えることである。中国残留者の体験と向き合うことに自ら価値づけ、授業後も関心をもち続けてほしいという筆者の願いがあった。授業名、授業目標、授業展開は以下の通りである。

1) 授業名
「満洲移民の歴史と中国残留日本人の体験」

2) 授業目標
中国残留日本人が生まれた背景を、満洲移民の歴史やソ連参戦後の日本人の被害、種子島秀子さん（1937年生まれ、1990年に永住帰国）の残留に至る体験を通して理解し、中国残留者の体験を学ぶ意味について考える。

3) 授業展開

主な学習活動	主な指示・発問	留意点
1. 中国残留日本人とは何かを話し合う。	・中国残留日本人とはどのような日本人をいうのだろうか。	・中国残留孤児との違いについて触れる。
2. 満洲移民の歴史を知る。	・日本人はいつから、なぜ満洲に渡っていったのだろうか。	・満蒙開拓青少年義勇軍についても触れる。
3. 満洲移民は敗戦前後にどうなったのかを知る。	・8月9日にソ連が攻めてきてから、満洲にいた日本人はどうなったのだろうか。	・教科書記述に着目して問題意識がもてるようにする。

184

| 4. 中国残留日本人の体験を聞く。 | ・種子島さん一家は、満洲でどのような体験をし、残留することになったのでしょうか。 | ・時間があれば、サハリン残留体験についても触れる。
・種子島さんを取り上げた新聞記事を活用する。 |
| 5. 中国残留日本人の体験を知る意味について考える。
6. 授業内容を振り返る。 | ・私たちは満洲移民の歴史や残留者の体験を知る必要はあるだろうか。
・今日の授業を振り返って感想を書きましょう。 | ・教科書記述の現状と照らし合わせて考えられるようにする。
・時間があれば感想交流を行う。 |

4) 学習者の学びと考察

この授業を受けた生徒は次のような感想を記している。

　中国残留日本人を聞いた時は知っている（聞いたことあるけれども）のに詳しい内容はあまり知らなかったので、今日の講義はとても自分にとって驚くことばかりの内容であった。授業などでも、戦争は日本列島のことでしか詳しく聞かされてなかったので、日本列島だけつらくて苦しい戦争を味わってきたとずっと思っていた。しかし、満洲や樺太でもそれと同じぐらい、また以上に苦しい生活を送ってきたのだと知りました。原爆やひめゆり学徒隊などは若者は多く知っているけれども、満洲はあまり知られていないと正直実感します。種子島さんのお話を実際、間接的に聴いたり、新聞で読んだりして、種子島さんの体験のように家族を亡くすのは本当につらいことだし、真夜中に襲撃されるなんていう理不尽な攻撃を受けるのは戦争という悲惨なことが起きたせいだと思います。種子島さんも頭を殴られたりして意識がなくなったりする体験もなされて言葉を聞いただけでは想像もつかない苦しみだったと思います。

　この講義を聞いて満洲とはどんなことが起こったのかを知

第5章　中国・サハリン残留日本人学習の展開　　185

ることになり、本当に1945年8月15日に終戦したのかと思うと少し違うような気がします。戦争という理不尽な攻撃（ママ）を起こさない為に私たちはもっと日本列島だけでなく、その外の戦争も知るべきだと思います。

　この感想には、生徒の印象に残った、中国残留日本人の体験が具体的に記されている。また、これまでの自分が受けてきた歴史学習を振り返っていることや、終戦は8月15日という考え方を見直し始めていること、日本国外の戦争についても知るべきだという考え方をもつに至っていることが読み取れる。これらは、裏返せば、当該生徒にとっての中国残留日本人の体験を学ぶ意味だと考えられる。

　ただ、日本国外で起きた戦争に目を向け始めた点については一定の評価はできても、日本人の被害だけに着目するのであれば、一面的な捉え方に終わってしまうだろう。特に、中国残留日本人の体験を取り上げる場合、暴徒と化した現地の人々が登場する。「現地の人は悪い、ひどい」という印象で終わらないように配慮する必要がある。上の授業の場合に、学習活動「4. 中国残留日本人の体験を聞く」で取りあげた種子島さんの話として、「種子島さんは、中国の人に棒で殴られ、気絶し、頭に傷を負ったわけですが、自らの身に起こったことを、かつて日本人が満洲国をつくり、中国の農民の土地や家をうばったことに対する怒り、恨みであり、それを私が浴びることになったと話しています」と伝えている。時間があれば、満蒙開拓団に用意された土地はどのような土地で、中国の人にとって満蒙開拓団はどのような存在だったのかについて追究させたいところである。

　なお、本授業で活用した新聞は茨城新聞（平成21年8月7日付）の記事である。

186

授業で活用した新聞記事（茨城新聞〈平成21年8月7日／8日付〉より転載）

(3) 大学での実践

東京都にある大学（A大学）での授業実践

ここでは、中国残留体験と中国帰国者の暮らしを取り上げた、主に大学4年生が受講する授業実践を紹介する。筆者は、2019年度前期に、東京都にある大学（A大学）で「子どもの人権と社会」の授業を行っている。授業目標、授業展開（シラバス）は以下の通りである。

1）授業目標

中国残留孤児や中国・サハリン帰国者を中心的事例として、ゲス

第5章 中国・サハリン残留日本人学習の展開　187

トスピーカーの声に耳を傾け、戦争や現代社会が子どもにもたらす影響を考えながら、子どもの人権を支える教育や社会のあり方について考える。

2）授業展開

第1回	子どもの人権とは
第2回	戦争と子ども
第3回	中国残留孤児が生まれた背景
第4回	中国残留者への聞き取り（1）―戦争体験を中心に―
第5回	中国残留者への聞き取り（2）―残留と帰国後の生活を中心に―
第6回	中国残留者（帰国者1世）への聞き取りを振り返って
第7回	中国帰国者2世の体験　―大橋論文を通して―

※本書内容に関わる第7回までを記す。実際の授業では、講師（語り手）来学の都合上、第4回、第5回の内容は入れ替わるなどの変更があった。

3）学習者の反応

　ここで紹介するのは、第7回の「中国帰国者2世の体験」である。まず、大橋（2009）の論文を取り上げる。大橋論文の書き出しは、「『私には二つの名前があります』。こういうと、『大橋春美』とかつての『趙春艶』の名前を黒板に書く。そして自分の来歴を紹介する」、「しかし、幾年経ってもこの時の緊張感は少しも和らぐことはありません」に始まり、以下の構成で論が進められる。

---

1. はじめに
2. 中国での生活
   （1）生い立ち、（2）小学校での苦い思い出、（3）父の祖国・日本へ
3. 帰国当初の生活
   （1）新たな出発、（2）本当の「日本人」になるために、（3）両親の奮闘（4）異国日本で深く太い根を生やす

---

4. アイデンティティの葛藤
　（1）日本社会・学校への適応の代償、（2）葛藤の日々、（3）
　　封印を解く
5. 終わりに

　この論文を読んだ後に感想を記し、学生間で感想・意見交流を行った。感想の一例として、学生Cは次のように記している。

　　「日本鬼子」と呼ばれていじめられることがどれほど苦しいことなのか自分には想像できませんが、自分の意思に反して中国で苦しい生活を強いられてきたことが文章だけで良く伝わりました。また、中国では「日本人」と言われ、日本では「中国人」と呼ばれてしまい、自分を見失ってしまう葛藤を抱いて生活しなければならなかったことが分かりました。現在は、多くの人々が国境を越えて生活していますが、こうした社会の中で、「〜人」というレッテルを貼るのではなく、国籍や人種に関係なく共存していく姿勢がより求められていると改めて思いました。（学生C）

　その後、帰国者1世のBさんが書かれた文章（第4章第3節）を読み、再び大橋論文について考えた。なお、Bさんには、第4回の授業で、旧満洲での戦争体験を語ってもらっている。Bさんの文章を読んだ学生は、授業後の振り返りカードで、次のように記している。

　　「人間は本質的に入れ替えることはできない」という言葉に印象を受けました。Bさんが子どもたちを「日本人」にしようとしていたように、私たちは、理想の人間を目指して、無理をして自分を変えようとします。しかし、大橋さんの文章

を読んで、今の自分をありのままに受けとめ、周りの環境に応じて良いところを吸収していくことが大切だと分かりました。私たちは、他の人を人種や肌の色、性別など、外側の部分で判断しがちですが、国境を越えて共存していくためには、人の内側・思いや考えを理解していくことが必要だと改めて思いました。(学生C)

　私達は無意識に「〜人」や「男女」、「障害」などで、人をくくり、時には差別してしまっているのだと思いました。差別し、人を傷つけてしまっている時は、属性を絶対的なものと考えている時と学び、確かにそうだと私は感じました。自分の属している属性が中心であると思い込むことで、他の属性に属している人を傷つけていると思いました。日本には、外国にルーツを持っているけれども、「日本人」に入れ替わろうとしている人がまだいると思います。でもそれは、日本に絶対的な属性の見方が存在しているからであると思います。属性はこれからも残り続けるものだと思いますが、皆が様々な属性に優劣をつけず、認め合えれば、入れ替わる必要がなく、生きやすい社会になると考えました。(学生D)

　学生Cは、グローバル化する社会において、人々が共存していくために、自己の生き方や他者への見方がどうあるべきか、特に人間の内面理解の必要性について考えている。また、学生Dは、属性という観点で社会にある差別をみつめ、属性に対する絶対的な見方、優劣をつける見方が社会にあることを問題視している。

　本実践を通して、帰国者2世の生活体験を知り、どのような考えをもって現在に至るか理解するとともに、戦争体験、残留体験を経て、自らの子どもを連れて帰国した帰国者1世の考えを改めて知ることができた。そのうえで、帰国者2世が投げかけた生のあり

様を現在の帰国者 1 世はどう見たのか、何を考えたのかも知ることができた。本実践を通して、将来学校教員を目指す学生たちは、帰国者 1 世、2 世の目を通して、目に見えない人間の内面理解の重要性や属性に基づく優劣社会とこれからの社会のあり様を考え始めたと思われる。

埼玉県にある大学（B 大学）での授業実践

　ここでは、中国残留とサハリン残留を組み合わせた、主に大学 1 年生を対象とする授業実践を紹介する。筆者は 2018 年度後期に埼玉県にある大学（B 大学）で、「近現代史（歴史学）」の授業を行った。授業目標、授業展開（シラバス）は以下の通りである。なお、残留者の敗戦前後の体験については、別の授業で学生は聞いているので、中国残留日本人への聞き取りは、新中国での暮らしを中心にとした。また、授業内容として、残留者の体験の他、引揚者の体験も扱った。これは、筆者の知人による紹介を受け、学生と相談して取り入れたものだが、残留体験と引揚体験を比べて考えさせることを意図した。

1）授業目標

　歴史学及び歴史学に関連する学問の成果と方法に学びながら、サハリン残留・中国残留・中国からの引揚げ等を事例に、ライフヒストリー法等を学び実践しながら、歴史への洞察を深めるとともに、教員として求められる教養を身に付ける。

2）授業展開（シラバス）

第 1 回	オリエンテーション
第 2 回	大日本帝国の崩壊と人の移動
第 3 回	サハリンを巡る歴史——日本人、朝鮮人、先住民の移動
第 4 回	サハリン残留日本人の体験

第 5 回	サハリン残留朝鮮人の体験
第 6 回	小括——サハリン残留者の体験とその歴史
第 7 回	「満洲」を巡る歴史——日本人、朝鮮人の移動
第 8 回	中国残留孤児とその養父母
第 9 回	聞き取り準備 I ——聞き取りの方法と聞き取り計画
第 10 回	聞き取り準備 II ——聞き取り計画の検討
第 11 回	中国残留日本人への聞き取り——新中国での暮らしを中心に
第 12 回	聞き取り調査の振り返り I
第 13 回	中国からの引揚者への聞き取り——引揚前後の暮らしを中心に
第 14 回	聞き取り調査の振り返り II
第 15 回	総括——サハリン・中国残留者及び中国引揚者の体験とその歴史

3) 学習者の学びと考察

　一人の学生を取り上げ、どのような変容があったのかをいくつかのレポートを取り上げて紹介する。「第4回サハリン残留日本人の体験」の後、菅生善一さんのライフヒストリーを読んだ学生は、レポートを次のように仕上げている。

　1.　着目した点

　　私が着目した点は、前回調べた戸倉さんと菅生さんとの共通点である。まず一つ目は、どちらも朝鮮人と結婚したという点である。出会い方は違えど、戸倉さんも菅生さんも朝鮮人の伴侶をもった。樺太に残留した人々は朝鮮人と結婚するケースがメジャーであったのか知りたいと思った時に実家の近所に親が樺太にいたという人がいるということを思い出して尋ねてみたところ「割と多かった。私みたいに日本人同士のほうが珍しかったんじゃない？と親から聞いている」と答えていただいた。この証言が真実であるのか調べたいと思ったが、資料が見つけられなかったためじっくり調べる時間をとって調べたいと思った。（以下省略）

2．感想

　二人の樺太に残留した方のライフヒストリーに触れ、当時の樺太の様子や思想について僅かながら知ることが出来た。加えて残留するという決定に至るまでの考えや社会の風潮が影響していたことを知ることが出来、残留に至った考えに対する偏見を改めることが出来た。実家が山形ということもあり小さい頃から戦争体験の話を聞く際に満洲移民や樺太から移住してきた方の話を聞くことが多かったのだが、幼いということとなぜ残留したのかが語られなかったので残りたくて残ったとばかり思っていた。しかし、真実は違うのかもしれないという考えに、今回と前回のレポートによって気づくことが出来た。これは、自分の見聞を広めることにつながった。（学生E）

　次に、「第8回中国残留孤児と中国人養父母」で課したレポートでは、以下のように記している。

　中国残留孤児については今までの歴史の授業や初等社会、歴史学の授業等で勉強してきたが、育ての親側から中国残留孤児について言及している資料は初めて見た。馬文玉さんの事例を見たのだが、その文章の中には敵国の子どもであるが、我が子と変わらぬ愛を注ぐ母親が描かれていた。中国残留孤児を取り上げた映画や本などでは日本人の子どもがひどい目に遭っている場面が多く描かれるので意外さを感じた。この文章に触れるまでは全ての残留孤児は日本に帰りたがっている、中国人の親も帰らせることを望んでいると思っていたが、我が子同然に育てた子どもを手放すのは胸が張り裂ける思いで見送ったことが分かった。日中国交正常化や日中平和友好条約が結ばれてきたが、未だ日中間のわだかまりが消えるこ

とは無いだろうし、日本が残留孤児が帰国した後のケアをあまり行っていないことはこの文章から見えてくる日本の現状だと思った。自分が教壇に立ち、中国残留孤児について授業を行う機会があれば、日本人側（実父母、実兄弟姉妹）から言及した資料のみではなく中国側（養父母）から言及した資料も活用し日本に帰国することが絶対に嬉しいこと、正解であるという認識を改められるような教材作りを行いたい。（学生E）

　これらのレポートは、学生が授業を受けながら自らの見方を変容させていった事例だといえる。そして、「第15回総括」の授業では、講義全体の振り返りに関して、次のように記している。

　この授業で、ぼんやりとしたわからなかった中国残留日本や樺太残留者の歴史について知見を深めることができたと思う。地元に樺太から帰還してきた人が多くいるが、もはや伝説の域に達する程、若い世代の中では認知されていないので、このままでは戦争の悲惨さを後世に語り継ぐ人がいなくなってしまうのではないか。このつらい過去、繰り返してはいけない戦争の話が無かったことになってしまわないか危惧の念を覚えた。その中でこの授業では、動画や聞き取りを通して肉声で生の体験を聞くことが出来たのは非常に有益かつ充実した活動であった。今の小学校・中学校で使用されている教科書は、日本は世界で唯一の被ばく国、戦争で日本はかわいそうな目にあった等、あたかも日本が被害者であるような書かれかたがしてあるなという印象がある（あくまで個人の見解）。しかし、レポートをまとめる中で、調べたり、聞き取りを行ったりする中で、日本は被害者でもあると同時に加害者でもある。その事実も子ども達に教えていかなければならないと感じた。聞き取り活動の中でMさんがおっしゃった「戦争体験

194

や戦争のことに興味を持つことが大切。そして発信することも大切」という言葉を念頭に少しでも戦争について多角的な視点から学んでいきたいと思う。（学生E）

また、他の学生（学生F）は次のように記している。

　私は正直第1回の授業のとき、15回の授業についていけるのか不安を感じていました。なぜなら中国の歴史について知識がほとんどなかったからです。しかし、樺太（サハリン）残留者の伊藤實さんの体験談を聴いたときに、戦争で被害を受けた人は樺太にもいたのだという新たな知識を身に付けることができました。「引揚げ」という言葉も今まで聞いたことがなかったので、この授業を通して多くのことを学べました。
　戦後の中国については前期の初等社会でも種子島さんからお話をして頂いて学ばせて頂いたのですが、歴史的な背景から当時満洲にいた日本人がどのような生活をしていたのか、また、戦後と戦前の比較についても行うことができたので、新たな学びをすることができて本当に良かったと思っています。
　伊藤實さんのインタビュー（聴き取り）を実際に太田先生が行われていて、機会があれば私も聴き取りを行いたいと思いました。今回、グループごとに、種子島さん、Mさんへの聴き取り活動を行わせて頂いて、たくさんのことに気付くことができました。実際に聴いている中で表情を見て感じることも多々ありました。松永さんの聴き取りをさせて頂いた時、苦しかったところや悲しいことに対しての表情の変化に気付くことができました。本当は話したくないことや思い出すだけで辛いこともあるのにも関わらず、私たちのことを想って話をしてくださったということを私たちは忘れてはいけない

と感じました。これから私たちは聴く側から語り継ぐ側へと変わっていくので、これからの時代から戦争をなくし、平和な社会をつくっていくため、自覚と責任を強く持って、これからさまざまなことに挑戦していこうという思いが今まで以上に強くなりました。(学生F)

　学生Eは、残留・引揚げ体験を生の声で聞けたことに価値があったと考えている。また、学生Fは、聞き取り活動ができたことに価値があったと考えている。ところで、聞き取り活動については、次頁のような計画表を作成させ、歴史的出来事と体験がどう結びつくのか／つかないのか、限られた時間をどのように使い、何からどのように聞いていくのかを検討できるようにした（次頁参照）。聞き取り活動後の振り返りでは、聞き取った内容をまとめるとともに、聞き取り方法のよかった点や改善点を考え、体験者が語った言葉の意味や語られなかった体験等について検討するようにした。
　学生は、命からがら日本に引揚げてきた人もまた、日本に戻ってからも苦しい生活が待っていたことや「引揚者」に対する見下しがあったことを知った。時代の状況によって、同じ日本人であっても、移動する人間が向き合わなければならなかった過酷な現実は共通している部分があることが聞き取り活動から窺えた。

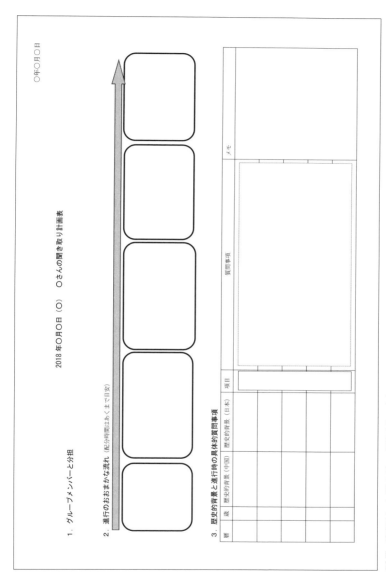

授業で活用した聞き取り計画表の例

第 **6** 章

中国・サハリン残留を取り上げた
社会科授業

1. 社会科授業づくりの方法

(1) 社会科で育てる資質・能力

　社会科に対して、どのようなイメージがもたれているだろうか。「暗記教科」「覚えることが多い教科」というイメージかもしれない。しかし、本来的には、社会科で求められるのは、ものごとの暗記ではない。Social Studies といわれるように、「社会研究」することが求められている。また、Studies と複数形になっているように、社会を複眼的に見て考察することが求められる。つまり、子どもが社会にある様々な問題等を多面的多角的に探究し、子どもを社会の担い手に育てることが求められている。学習指導要領の言葉を借りれば、「公民としての資質・能力」の基礎を育てることである。

　社会科は、これまで何を重点的に育成するかで議論されてきた。金子（2002）は、社会科教育の本質を論じる中で、社会科の基本的性格を「社会認識の育成」、「探究技能の育成」、「問題解決的態度・意欲の育成」の三つに整理している。

　「社会認識の育成」とは、社会科は社会認識を育成するのが社会科の役割であると捉え、子どもの素朴な社会に関する見方・考え方を、社会諸科学を参考にしながら、合理的・普遍的なものにしようとすることである。換言すれば「社会科学科」としての社会科であ

198

る。

「探究技能の育成」とは、社会科学的な探究過程を体験させたり、価値的な探究を重視したりすることである。旧来の社会科は価値注入社会科であるという考えに立ち、社会問題を取り上げ、対立する主張の根拠とする価値を検討し、意思決定する。換言すれば「意思決定社会科」としての社会科である。

「問題解決的態度・意欲の育成」は、子どもの行う問題解決とそれに必要な態度・育成を重視することである。子どもの態度・意欲に基礎をおくことで、「はいまわる社会科」という批判もなされたが、社会諸科学などの成果を参考に理論的な解決策を探らせようという主張もある。また、態度・意欲のレベルを超えて、社会参加のレベルまで子どもたちを育成する主張もある。後者は、「社会参加科」としての社会科ともいわれる。

以上の三類型は、例えば、唐木（2010）と重なる。唐木は社会科授業を類型化し、「理解」を重視する「科学的社会認識の育成を目指す社会科授業」、「能力」を重視する「意思決定力の育成を目指す社会科授業」、「態度」を重視する「社会的実践力の育成を目指す社会科授業」の三分類を提示している。この三分類は、「意思決定力の育成」が成立するためには、「科学的社会認識の育成」が前提になり、「社会的実践力の育成」が成立するためには、「科学的社会認識の育成」と「意思決定力の育成」が前提になるといった関係性をもっている。

このように見ていくと、社会科には重要な三つの要素があることが見えてくる。分かりやすく言えば、「分かる」（科学的社会認識の育成）、「判断する」（価値判断・意思決定力の育成）、「関わる」（問題解決的態度や社会的実践力の育成）である。この構図は、2017年度告示の学習指導要領で求められる三つの資質・能力の育成と重なる。つまり、「知識・技能」、「思考力・判断力・表現力」、「学びに向かう力や人間性」である。「公民としての資質・能力の基礎」

を養うとされる小・中学校の社会科で、教師は、現実（学校のカリキュラムや時間など）と理念（自身の社会科観）の中で、どのような資質・能力を育成するのかが問われている。

図 6-1　社会科における重要な三つの要素

(2) 社会科授業づくりの類型

　社会科授業づくりを考える際、①教科書を読む、②教師用指導書を読む、③社会科準備室に行き、使えそうな教具・教材を探す、④授業内容について詳しく書かれた本を読む、という流れが想起されるかもしれない。二井（2004）は、そのような授業づくりには、以下の問題が潜んでいると述べる。

　一つは、なぜ子どもが教科書に書かれている内容を学ばなければならないかが問われていないこと。二つは、単元、学期、年間の各指導において、何をどのような順序で学ばせるかが問われていないことである。つまり、「最もふさわしい目標・内容・方法を設定しようとする営みを放棄している」という問題である。

　教科書は、「教育課程の構成に応じて組織配列された教科の主たる教材」（教科書の発行に関する臨時措置法第2条）とされているので、教科書を積極的に使うことに問題はない。だが、教科書は主たる教材であって、教育内容そのものではない。「教科書を教えるのではなく、教科書で教える」という発想に立って、教科書を活用することが重要である。

　教科書を活用するに当たり、教科書に書かれていることの事実と解釈の峻別は重要である。例えば、小学校社会科教科書、中学校社

会科歴史的分野の教科書にある以下の文章の中で、事実と解釈は何だろうか。

【小学校社会科教科書】
1945年8月6日には広島、9日には長崎に、アメリカ軍が原子爆弾を落としました。1発の爆弾で、いっしゅんにして何万人もの命がうばわれ、まちはふき飛んでしまいました。また、満洲にソビエト連邦軍がせめこみ、やがて樺太南部、千島列島にもせめこんできました。8月15日、日本はついに降伏し、アジア、太平洋の各地を戦場とした15年にもわたる戦争が、ようやく終わりました。（東京書籍、2014年検定済）

【中学校社会科教科書】
さらに、アメリカは、原子爆弾を8月6日広島に、9日長崎に投下しました。その間、ソ連も日ソ中立条約を破って参戦し、満洲・朝鮮に侵攻してきました。こうしたなかで日本は、8月14日、ポツダム宣言を受け入れて降伏することを決定し、15日、天皇は、降伏をラジオ放送で国民に知らせました。こうして、数千万人の死者を出したといわれる第二次世界大戦が終わりました。（東京書籍、2015年検定済）

　小・中学校の教科書にある、アメリカ軍の原爆投下は事実である。ソ連軍が満洲、樺太南部、千島列島に攻め込んできたという記述も事実である（日本側に立った事実解釈でもある）。最後の、8月15日、戦争が終わったとする記述は、事実だろうか。しかし、満洲では、例えば、8月27日に、佐渡開拓団跡地にて各地より避難してきた開拓団がソ連軍の攻撃を受け1,464人が亡くなっている。また、サハリンでは8月22日に、樺太の大都市豊原の駅前でソ連軍によって爆弾を落とされ、108名が死亡している。このような事

実と照らし合わせた時、戦争が終わったとするのは、一つの解釈であることが見えてくる。つまり、天皇の玉音放送によって「終戦」を迎えたとする解釈である。歴史を学ぶ児童・生徒には、何が事実で何が解釈かを意識できず、書かれていることがすべて「真実」と思ってしまうことがある。そのことを念頭において、教材を検討するのが教師の仕事である。

　学校現場では、教科書の「事実」を扱い、教科書の「解釈」を教えるという授業がある。これを本書では「教科書型授業」と呼ぼう。教科書型授業の場合、なぜそのような「事実」を学ばなければならないのか、理解（納得）できない子どもが出てくることが予想される。そこで、教師は子どもに提示する事実を工夫する。例えば、子どもの世界に身近にあるモノを提示したり、身近な地域の事例と結びつけたりするのである。これは、教師の準備した「事実」で、教科書の「解釈」を教える授業である。これを「事実工夫型授業」と呼ぼう。だが、事実工夫型授業であっても、なぜその内容（事実や解釈）を学ばなければいけないのかは、不問である。そこで、どの解釈が適切なのかを教師が検討したり、子どもたちにどのような事実と向き合わせるとよいのかを考えたり、場合によっては、授業で扱う解釈を子どもに検討させたりする。このような授業は、教師の準備した「事実」で、教師の選択した「解釈」を扱う授業である。これを「教材開発型授業」と呼ぼう。ただ、「教材開発型授業」であっても、教師の思い込みや心情で授業が組織されれば、一面的態度形成に陥る危険性があるので、「解釈」は社会諸科学の成果を踏まえる必要がある。以上の授業類型を整理したのが、次の表である。

表6-1　社会科授業づくりの類型

教科書型授業	事実工夫型授業	教材開発型授業
教科書の「事実」を使い、教科書の「解釈」を教える授業	教師の準備した「事実」で、教科書の「解釈」を教える授業	教師の準備した「事実」で、教師の選択した「解釈」を扱う授業

　教材開発型授業は、教師が「社会に関する解釈」を研究し、なぜ目の前の子どもにその解釈が必要かという視点で教材研究がなされるため、子どもにふさわしい目標・内容・方法を設定しようとする教師の営みが求められる。

（3）社会科授業づくりの方法——教材開発型授業の場合

　では、教材開発型授業を行うために、どのような手順を踏めばよいだろうか。原田智仁（2004）は、次のように述べている。

---

①主題に対応した素材の探索
②教育内容と子どもの実態を踏まえた素材の決定
③素材の教材化
④データの収集
⑤学習過程の構成（「見えるものから見えないものへ」）

　まず「①主題に対応した素材の探索」とあるが、なぜ「教材」ではなく「素材」なのか。それは、初めから「教材」になるものはなく、「教材」になり得る「素材」を探し出すことから教材研究を始めなければならないからである。すべての「素材」が「教材」になるわけではない。素材を教材化することが大切である。素材源は以下の三つに分類される。

A 活字メディア…専門書、事典、年鑑、新聞記事、雑誌等
B 映像メディア…テレビ、映画、ホームページ、ビデオ、写

真等
　Ｃ聞き取り…インタビュー、アンケート等

　例えば、中国残留を主題とする素材の探索の場合、次のような素材源が考えられる。

　Ａ活字メディア…蘭信三編『中国残留日本人という経験』他
　Ｂ映像メディア…山崎豊子原作『大地の子』（NHKエンタープライズ）他
　Ｃ聞き取り…中国帰国者への直接的聞き取り他

　次に「②教育内容と子どもの実態を踏まえた素材の決定」とは、教師の「ひらめき」や「発見」による素材の決定である。素材を通して社会の何が見えるか、どのような社会的見方・考え方を働かせることができるか、興味をもって学習していけるか、などを検討しながら決定するものである。いわば、教師自身の社会を見る目と子どもを見る目が問われる場面である。なお、教材を構成する素材（教材になり得る素材）は、以下のように多岐にわたる。

　（1）人…働く人（労働）、子ども（学生）、外国人、歴史上の人物等
　（2）物…商品、貨幣、食物、建造物、道具、機械、遺跡等
　（3）事…事件、戦争、貧困、法律、制度、スポーツ大会等
　（4）情報…文字、言説、テレビドラマ、アニメ、遊び、旅行等
　（5）環境…自然・風土、学校、地域（村や町）、都市、公害等

　例えば、中国残留の場合、教材を構成する具体的な素材は、以下のようになるあろう。

204

（1）人…中国帰国者、中国帰国者の家族、中国人養父母、山本
　　慈照等
（2）物…当時住んでいた人の建物、逃避行中の食べ物、日本人
　　収容所等
（3）事…満洲事変、満洲国、日中戦争、「20 カ年百万戸送出計
　　画」等
（4）情報…当時の教科書に書かれた内容、当時の満蒙開拓に関
　　わる言説等
（5）環境…当時の学校、地域、都市、農村等

　「③素材の教材化」は、素材に対して、どのような問いを構成し
て、子どもの発見と探究を促すかを考えることである。選択した素
材がそのまま教材になるわけではなく、問いを考えるという作業を
通して、素材が磨かれ教材化されていく。
　そして「④データの収集」であるが、これは、子どもの仮説を検
証したり補強したりするデータ（情報）の収集のことである。
　最後に「⑤学習過程の構成（見えるものから見えないものへ）」で
あるが、「見えるものから見えないものへ」は、社会科における学
習過程の原則である。一般的に学習過程は、子どもに教材を提示
し、そこから多様な情報を読み取り、問題の発見を促すようにす
る。そして、問題に関する仮説を立て、具体的なデータを手がかり
に吟味・検証していく。社会的論争問題などを扱う場合は、価値判
断や意思決定を行う。学習過程の基本構成は以下の通りである。

　Ⅰ．事実認識（How に基づく問い：どのようになっているのか）
　Ⅱ．問題の発見、探究（Why に基づく問い：なぜ）
　Ⅲ．価値判断、意思決定（Which や What should we（I）do に
　　基づく問い：どれを選択すべきか、我々は（私は）どうすべ

きか）

　例えば、中国残留を主題とする教材開発の場合、学習過程の構成
として、次のような流れを考えることができよう。

Ⅰ．事実認識（例：満洲にいた日本人は、8月9日以降はどうなっ
　　たのか）
Ⅱ．問題の発見、探究（例：なぜたくさんの日本人が満洲に渡っ
　　たのか）
Ⅲ．意思決定（例：たくさんの日本人が満洲に渡るようになった
　　重要な出来事は何だろうか）

（4）2017年度告示の学習指導要領と社会科授業

　2017年度告示の学習指導要領では、社会科授業において、社会
的な見方・考え方を働かせることを重視している。社会的な見方・
考え方とは、小・中学校の社会科、及び高校の地歴科・公民科の
「見方・考え方」の総称である。
　『小学校学習指導要領解説社会編』では、「社会的な見方・考え
方」は次のように説明される。小学校社会科では、「社会的事象の
見方・考え方」を働かせて学ぶことを重視する。「社会的事象の見
方・考え方」とは、「位置や空間的な広がり、時期や時間の経過、
事象や人々の相互関係などに着目して（視点）、社会的事象を捉え、
比較・分類したり総合したり、地域の人々や国民の生活と関連付け
たりすること（方法）」である。「社会的事象の見方・考え方を働か
せ」るとは、これらの視点や方法を用いて、社会的事象について調
べ、考えたり、選択・判断したりする学び方である。そして、この
「社会的事象の見方・考え方」は、中学校社会科の各分野の学習に
発展するものである。
　つまり、中学校社会科の地理的分野では、「社会的事象の地理的

206

な見方・考え方」として、「社会的事象を位置や空間的な広がりに着目して捉え、地域の環境条件や地域間の結び付きなどの地域という枠組みの中で、人間の営みと関連付けて」働かせる。また、歴史的分野では「社会的事象の歴史的な見方・考え方」として、「社会的事象を時期、推移などに着目して捉え、類似や差異などを明確にしたり事象同士を因果関係などで関連付けたりして」働かせる。そして公民的分野では「現代社会の見方・考え方」として、「社会的事象を政治、法、経済などに関わる多様な視点（概念や理論など）に着目して捉え、よりよい社会の構築に向けて、課題解決のための選択・判断に資する概念や理論などと関連付けて」働かせるのである。以上を図式化したものが以下の図である（『小学校学習指導要領（平成29年告示）解説　社会編』より）。

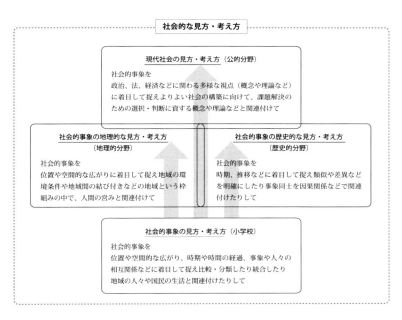

図6-2　社会的見方・考え方の構造図

社会科教育学研究における「見方・考え方」論を整理した原田（2018）は、注目すべき三つの見方・考え方論を紹介している。一つは、社会の事実や過程に関する個別的知識に対して、社会的諸事象の関係を説明する一般的知識、概念、理論を「見方考え方」と捉えることである。二つは、見方・考え方を見方と考え方に二分し、社会に関する事実判断や推理を示す事実関係的知識を「社会的見方」、価値判断を示す規範的知識を「社会的考え方」と捉えることである。三つは、見方・考え方を内容的見方・考え方（社会的知識）と方法的見方・考え方（資料活用技能や思考力・判断力などのスキル）に二分して捉えることである。

　原田はこのように整理したうえで、2017年告示の学習指導要領の見方・考え方を、「一見すると、何やら新しいアプローチが求められるような錯覚に陥るが、よく見ると現状のやり方を追認していることがわかる」、従前の内容を教えることを前提にして、思考力や判断力を育てようと苦心した結果「説明が回りくどく例示も多くてかえって分かりにくい」と指摘する。そのうえで、学習指導要領の見方・考え方を次のように解釈し、説明する。

　見方とは、視点や方法といった抽象的な区分ではなく、社会的諸事象の存在（事実ないし現象）を把握すること、また考え方は、そのうえで諸事象間の関係や意義を考察して一定の概念（理論）化を図るとともに、今後の在り方を構想して自らの価値や行動を決定すること（意思決定）とした。

　この見方・考え方論は、それぞれ具体的な問い（課題）と結びついて機能する。例えば地理的な見方であれば、「それはどのように分布するのか」など、地理的事象の事実の把握をさせる問いが、また地理的な考え方では「なぜそうした分布になるのか」「どういう分布が望まれるのか」などの考察や構想を促す問いが置かれる。あるいは歴史的見方なら、「その事件はいつ、どこで起こったのか」といった歴史的事実を求める問いが、また歴史的な考え方では、

208

「なぜその時にそうした事件が起きたのか」、「その事件から現在の在り方として何が示唆されるか」などの考察や構想を促す問いが置かれる。

　この見方・考え方論は、社会的事象を探求するための問いと、探究の結果として習得を目指す「知識やスキル」が、下図のように、階層的・構造的に捉えられることに特徴がああある。

		知識	技能	思考・判断／表現	情意・態度
見方	知識の獲得（知っている）	事実	情報読解	事実的思考・事実判断／記述	素朴な興味・共感／異なる見方への関心
考え方	意味の理解（わかる）	概念	探求方法	理論的思考・推理／説明	文脈や根拠の吟味
	活用・創造（使える）	価値	提案	価値的思考・価値判断／議論・意思決定	自己の考え方の構築

図6-2　見方・考え方を生かしたカリキュラム構造化モデル
※原田（2019: 53）より転載

　この図のタイトルにあるカリキュラムとは、単元レベルのカリキュラムを指している。また、同図は、学習指導要領に基づく授業づくりの方略や評価規準のテンプレートとして用いることができる。例えば、原田（2019）を参考にすれば、中国残留の場合、次のようなカリキュラムの構造化が考えられよう。

	知識（技能）	思考・判断（表現）	情意・態度
知っている	高齢者、女性、子どもで構成された開拓団が引揚げようとするが、途中で亡くなったり、中国人家庭に入ったりした。［資料から読み取る］	○満洲にいた日本人は、8月9日以降はどうなったのか。（引揚げられなかった日本人はその後どうなったのか）［調べたことを記述する］	主題となる中国残留日本人に対して素朴な関心や疑問を示す。

第6章　中国・サハリン残留を取り上げた社会科授業　209

	知識（技能）	思考・判断（表現）	情意・態度
分かる	昭和恐慌のあおりを受けた農村社会（人口や貧困）の問題解決策として、またソ連対策として満蒙開拓団は期待され、1936年には国策として満洲移民が進められた。また、行政や学校等で、渡満の宣伝や勧誘が積極的になされた。 [資料から推論し、仮説を検証する]	○なぜたくさんの日本人が満洲に渡ったのか。 〔27万人もの満蒙開拓団（義勇軍含む）がなぜ満洲に渡ったのか〕 [考えたことを論理的に説明する]	当時の社会の文脈を明らかにする資料を読解・吟味している。
使える	（例）昭和恐慌等により民衆の暮らしは厳しくなり、政党政治に対する期待が失われ、代わりに軍の行動に期待が寄せられ、国のために尽くすことや満洲に渡ることがよしとされ、行政や学校が積極的に宣伝・勧誘した。	○満蒙開拓団が満洲に渡っていった1930年代～45年の社会の特徴をどう捉えればよいか。満蒙開拓団や満蒙開拓青少年義勇軍としてたくさんの人が満洲に渡るようになった重要な出来事は何だろうか。自分なりに判断して表現しよう。 〔議論に参加し、自分の考えを論述する〕	満蒙開拓団を手がかりに、当時の社会状況や価値観について考え、歴史から学べることについて自分の考えを構築する

図5-3　中国残留を主題とするカリキュラムの構造化モデル

2. 小学校社会科の授業事例

（1）授業づくりの視点

　中国・サハリン残留に関わる内容として、小学校学習指導要領の社会では、次のように示されている。

　ア　次のような知識及び技能を身に付けること
　　（サ）日中戦争や我が国に関わる第二次世界大戦、日本国憲

法の制定、オリンピック・パラリンピックの開催などを手掛かりに、戦後我が国は民主的な国家として出発し、国民生活が向上し、国際社会の中で重要な役割を果たしてきたことを理解すること。

（シ）遺跡や文化財、地図や年表などの資料で調べ、まとめること。

イ　次のような思考力、判断力、表現力等を身に付けること

（ア）世の中の様子、人物の働きや代表的な文化遺産などに着目して、我が国の歴史上の主な事象を捉え、我が国の歴史の展開を考えるとともに、歴史を学ぶ意味を考え、表現すること。

　この教材を考えるうえで参考になる一つは、教科書である。東京書籍版（2016年発行）では、次のような問いと小見出しが設定されている。

	問い	小見出し
つかむ	長く続いた戦争は、日本や外国にどのようなえいきょうをあたえたのでしょうか。	世界文化遺産の原爆ドーム
調べる	日本が中国で行った戦争は、どのような戦争だったのでしょうか。	中国との戦争が広がる
	戦争は、どのようにして世界に広がったのでしょうか。	戦争が世界に広がる
	戦争中、人々は、どのような生活をしていたのでしょうか。	生活すべてが戦争のために
	日本各地の都市は、空襲によって、どのような被害を受けたのでしょうか。	空襲で日本の都市が焼かれる
	第二次世界大戦はどのようにして起こり、どのような経過をたどったのでしょうか。	第二次世界大戦の始まり
	戦争はどのようにして終わったのでしょうか。	原爆の投下と戦争の終わり

	問い	小見出し
まとめる	学習問題について調べてきたことを年表に整理し、最後に学習を通して考えたことをノートに書こう。	

　これに基づき、中国残留とサハリン残留を取り上げるとすれば、「原爆の投下と戦争の終わり」の学習をした後に、次のような授業を設定することが考えられる。なお、下記の授業案では、『小学校学習指導要領解説社会編』に記載されている「学習活動を充実させるための学習過程の例」としての「課題把握、課題追究、課題解決」を用いることとする。

(2) 授業事例Ⅰ──中国残留の場合

1) 本時目標

　満洲にいた開拓団に関心をもち、元開拓団員の体験や満洲にいた日本人（開拓団）の推定死亡者数や死亡理由を調べ、ソ連参戦後の開拓団の逃避行や収容所生活について理解することができる。

2) 本時展開

		学習活動	主な指示・発問	資料・留意点・評価
課題把握		1. 前時の学習を復習する。	・前の時間にはどのような学習をしましたか。	・広島・長崎の原爆投下や、8月15日に戦争が終わったこと等を想起させる。
		2. 満洲には多くの日本人が移り住んだことを想起する。	・この写真は何の写真でしたか ・移住した開拓団の人たちはどうなったのかな。	〔資〕「満洲へ移住した人々」の写真（教科書、東京書籍、p.130）
		3. 教科書を読み、満洲にいた開拓団はどうなったのかを考える。	・ソビエト連邦軍が攻め込んだ後、満洲にいた開拓団の人々はどうなったのかな。	
	ソ連参戦の後、満洲にいた開拓団は、どうなったのだろうか。			

212

	4. 学習課題に対する予想を話し合う。 5. 満洲にいた日本人（開拓団）の体験を調べる。 6. 体験談を聞いて感想交流をする。 7. 在満日本人の推定死亡者数と死亡理由を調べる。	・自分の考えを発表してみましょう。 ・元開拓団の方の体験を聞いてみましょう。 ・体験談を聞いてどのように思いましたか。 ・種子島さんのお父さんや妹のように、満洲で亡くなった人はどれだけいたでしょうか。	〔資〕本書所収の種子島秀子さんの語りなど ・体験の要点を共有する。 〔資〕（欄外の資料1・2を参照）
課題追究			
課題解決	8. 本時の学習をまとめる。	・学習問題を意識して、自分の考えをまとめましょう。	〔評〕種子島さんの体験や在満日本人の死亡者数などの事実を基に、ソ連参戦後の開拓団の逃避行や収容所生活を理解することができている。
	例）ソ連参戦の後、満洲にいた開拓団は日本に引揚げようとするが、ソ連軍や現地の人々に襲われるなどの被害を受けた。収容所での生活は厳しく、病気や栄養失調などにより、多くの人が亡くなった。義勇軍も含めて、7万人以上の開拓団員が亡くなった。		

資料1：満洲にいた日本人の数と死亡者数

　敗戦時に満洲に残留していた日本人は約155万人で、そのうち開拓団員・義勇隊員は27万人。ぎせい者は24万5,000人で、そのうち開拓団員・義勇隊員は7万2,000人。　　〔加藤聖文（2017）『満蒙開拓団　虚妄の「日満一体」』岩波書店、p.218 をやさしく書き直したもの〕

資料2：方正（ほうまさ）収容所に集まった日本人のその後

　1945年8月～46年5月まで8,640名の日本人がいた

・2,360人（27％）が病気や自殺で死亡、2,300人（27％）が現地人の妻になる　1,200人（14％）が脱走、1,200人（14％）がハルビンに移動、460人（5％）がソ連軍に拉致、1,120人（13％）が不明

〔満蒙同胞援護会編（1962）『満蒙終戦史』河出書房新社〕

（3）授業事例II——サハリン残留の場合

1）本時目標

　樺太にいた日本人に関心をもち、樺太にいた人の体験や樺太にいた日本人の被害者数を調べ、ソ連参戦後のソ連軍の侵攻とそれに伴

う戦争被害の様子について理解することができる。

2）**本時展開**

	主な学習活動	主な指示・発問	資料・留意点・評価
課題の把握	1. 前時の復習をする。 2. 教科書記述を読み、8月9日以降、樺太にいた日本人はどうなったのかを考える。	・前の時間では何を学びましたか。 ・8月9日以降、樺太にいた人々はどうなったのだろうか。	・様々な戦争被害があって8月15日に戦争が終わったことを確認する。 ・地図等を活用しながら、樺太（サハリン）について復習する。
	ソ連参戦の後、樺太にいた日本人は、どうなったのだろうか。		
課題の追究	3. 樺太にいた日本人（開拓団）の体験を調べる。 4. 体験談について感想交流をする。 5. 樺太では戦争がどのようにして終わったのかを調べる。	・当時樺太にいた人の体験を聞いてみましょう（読んでみましょう）。 ・体験談を聞いて（読んで）どのように思いましたか。 ・樺太では戦争がどのようにして終わったですか。	〔資〕本書の所収の体験談や証言映像等。 ・樺太では残留者が出たことに気付かせる。 〔資〕（欄外を参照） ・樺太では8月15日を過ぎてもソ連軍の攻撃を受けて亡くなった人がいたことに気付かせる。
課題の解決	6. 本時の学習をまとめる。	・学習問題を意識して自分の考えをまとめましょう。	〔資〕体験者の語りや樺太での死亡者数等の事実を基に、ソ連参戦後の戦争被害の様子を理解することができる。
	例）樺太にいた日本人はソ連参戦の後、日本に疎開しようと南下した。ソ連軍の攻撃を受けるなどして、疎開中や戦災で亡くなった人は合わせて4,000人を超える。日本に帰ることができず、サハリンに残留する人も生まれた。		

資料：8月15日以降の樺太（サハリン）
16日　須恵取（ウグレゴルスク）にソ連軍上陸、住民が逃げる。
　　　※樺太山脈をこえて内路（ガステーロ）へ90キロ移動するか、珍内

（クラスノゴルスク）を通過し、久春内（イリンスキー）へ100キロを下るかの選たくをせまられる。

20日　ソ連軍は真岡（ホルムスク）をこうげきし、上陸する。

22日　日ソ間で停戦合意する。

　　　ソ連軍が豊原（ユジノサハリンスク）駅周辺をばくげきする。

　　　留萌（るもい）沖でそかいする人々をのせた3せきの船が沈没する。

25日　ソ連軍が大泊（コルサコフ）に進駐し、宗谷海きょうがふうさされる。

　　　※緊急そかい中の死者は「不明」町村をのぞき331人、戦災死者は1,988人。

　　　※るもい沖で沈没して亡くなった人は1,708人。

〔小川峡一『樺太・シベリアに生きる』2005年〕

3．中学校社会科（歴史的分野）の授業事例

（1）授業づくりの視点

中学校社会科（歴史的分野）の内容の大項目の一つが「C 近現代の日本と世界」である。「C 近現代の日本と世界」は中項目「(1) 近代の日本と世界」と「(2) 現代の日本と世界」に分かれる。

中項目「(1) 近代の日本と世界」は、次のような事項で構成されている。

　(1) 近代の日本と世界

　課題を追究したり解決したりする活動を通して、次の事項を身に付けることができるよう指導する。

　ア　次のような知識を身に付けること

　（ア）欧米における近代社会の成立とアジア諸国の動き

　（イ）明治維新と近代国家の形成

　（ウ）議会政治の始まりと国際社会との関わり

　（エ）近代産業の発展と近代文化の形成

　（オ）第一次世界大戦前後の国際情勢と大衆の出現

　（カ）第二次世界大戦と人類への惨禍

イ　次のような思考力、判断力、表現力等を身に付けること
（ア）工業化の進展と政治や社会の変化、明治政府の諸改
　　革の目的、議会政治や外交の展開、近代化がもたらした
　　文化への影響、経済の変化の政治への影響、戦争に向か
　　う時期の社会や生活の変化、世界の動きと我が国との関
　　連などに着目して、事象を相互に関連づけるなどして、
　　アの（ア）から（カ）までについて近代の社会の変化の
　　様子を多面的・多角的に考察し、表現すること。
（イ）近代の日本と世界を大観して、時代の特色を多面的・
　　多角的に考察し、表現すること。

　中国・サハリン残留日本人に関する内容は、上述のア（カ）が大
きく関わる。ア（カ）は次のように記されている。

（カ）第二次世界大戦と人類への惨禍
　　経済の世界的な混乱と社会問題の発生、昭和初期から第二
　次世界大戦の終結までの我が国の政治・外交の動き、中国
　などアジア諸国との関係、欧米諸国の動き、戦時下の国民
　の生活などを基に、軍部の台頭から戦争までの経過と、大
　戦が人類全体に惨禍を及ぼしたことを理解すること。

　『中学校学習指導要領解説』に記された「歴史的分野の学習内容
と学習の過程の構造化図」に照らすと、学習内容の関係は次のよう
になる。

216

経済の世界的な混乱と社会問題の発生、昭和初期から第二次世界大戦の終結までの我が国の政治・外交の動き、中国などアジア諸国との関係、欧米諸国の動き、戦時下の国民の生活などを基に、

経済の変化の政治への影響、戦争に向かう時期の社会や生活の変化、世界の動きと我が国との関連などに着目して

近代の社会の変化の様子を多面的・多角的に考察し、表現して

軍部の台頭から戦争までの経過と、大戦が人類全体に惨禍を及ぼしたことを理解すること。

図 5-4 「第二次世界大戦と人類への惨禍」の構造化

　この学習指導要領の教材を考えるうえで参考になるのが、教科書である。東京書籍版（平成 27 年検定済）では、次のようなタイトルと問いが設定されている。

	タイトル	問い
1	世界恐慌とブロック経済	世界恐慌は、世界にどのような影響をあたえたのでしょうか。
2	欧米の情勢とファシズム	世界恐慌に対して、イタリアやドイツはどのように対応したのでしょうか。
3	昭和恐慌と政党内閣の危機	世界恐慌は、日本にどのような影響をあたえたのでしょうか。
4	満洲事変と軍部の台頭	満洲事変はどのようにして起こり、日本の政治はどのように変化していったのでしょうか。
5	日中戦争と戦時体制	日中戦争は、中国や朝鮮、日本人の生活にどのような影響をあたえたのでしょうか。
6	第二次世界大戦の始まり	第二次世界大戦はどのようにして起こり、どのような経過をたどったのでしょうか。

第 6 章　中国・サハリン残留を取り上げた社会科授業　217

	タイトル	問い
7	太平洋戦争の開始	太平洋戦争はどのようにして起こり、各国は日本に対してどのように対応したのでしょうか。
8	戦時下の人々	戦争の長期化は、国民や植民地、占領地の人々の生活にどのような影響をあたえたのでしょうか。
9	戦争の終結	イタリア、ドイツ、日本はどのような経過をたどって降伏したのでしょうか。
10	この時代の特色をとらえよう	この時代はどのような時代だったでしょうか。「年表」にまとめることで考えてみましょう。

　教科書に基づいて授業を進め、中国残留を取り上げるならば、上の「9.戦争の終結」の後、「2. 小学校社会科授業事例」の「(2) 授業事例Ⅰ－中国残留─」と同様の内容で授業することもできる。だが、ここでは先述した「中国残留を主題とするカリキュラムの構造化モデル」に基づく授業開発の事例を以下に取り上げる。つまり、学習過程を教科書に依拠せず、教科書を主たる教材として活用し、学習指導要領の内容を踏まえ、社会的な見方・考え方を働かせながら資質・能力の育成を目指す授業事例である。

(2) 授業事例──中国残留の場合
　1) 単元名「満蒙開拓団を送り出した日本社会」

　2) 単元名のねらい
　第二次世界大戦の戦争被害に関心をもち、戦前の日本において、多くの満蒙開拓団を送り出した背景や理由を考察し、時代の特質を理解するとともに、満洲移民送出にとって重要な出来事は何かを判断する。

3）単元の構成（全8時間）

①第二次世界大戦の被害（2時間）
・第二次世界大戦ではどのような被害が出たか。
・第二次世界大戦はどのような国家間戦争だったのか。
・日ソ戦はどのようにして始まったのか。

②満洲移民の結末と学習課題の設定（2時間／本時）
・8月8日以降、日本からの満洲移民（満蒙開拓団や満蒙開拓青少年義勇軍等）はどうなったのか。
・開拓団や義勇軍としてたくさんの人が満洲へ渡ったのはなぜだろうか。

④戦前の国民生活と昭和恐慌（1時間）
・当時の人々の暮らしはどのような様子だったのだろうか。
・昭和恐慌はどのようにしておこったのだろうか。

⑤世界恐慌後の日本の政治（1時間）
・世界恐慌はどのようにして起こり、各国政府はどのように対応しただろうか。
・世界恐慌後、日本の政治はどうなっていったのだろうか。

⑥「満洲農業移民百万戸移住計画」（1時間）
・「満洲農業移民百万戸移住計画」とは何だろうか。なぜ出されたのだろうか。
・「満洲農業移民百万戸移住計画」は計画通りに進んだのだろうか。

⑦まとめ（1時間）
・満蒙開拓団や満蒙開拓青少年義勇軍としてたくさんの人が満洲に渡るようになった重要な出来事は何だろうか。
・満蒙開拓団が満洲に渡っていった1930年代〜45年の日本社会の特徴は何だろうか。

4）**本時展開**（3-4／8時間）

①目標

　　8月8日以降の、満蒙開拓団や満蒙開拓青少年義勇軍として渡った日本人の様子に関心をもち、学習課題を立て、学習の見通しをもつことができる。

②展開

	主な学習活動	主な指示・発問	留意点	資料
②満洲移民の結末と学習課題の設定	1. 8月8日以降、満洲にいた満蒙開拓団や満蒙開拓青少年義勇軍はどうなったのかを考える。	・8月8日以降、日本からの満洲移民はどうなったのだろうか。	・写真資料を提示し、開拓団や義勇軍をイメージできるようにし、義勇軍は今の中学・高校生の年齢にあたることを伝える。	1
	2. 開拓団や義勇軍の体験を調べる。	・元開拓団や元義勇軍の方の体験を調べてみましょう。	・本書所収の体験等を通して調べる。	2 3
	3. 体験談を聞いて感想交流をする。	・体験談を聞いてどのように思いましたか。	・体験の要所を確認する。	
	4. 満洲に渡った開拓団や義勇軍の数や推定死亡者数を調べる。	・満洲に渡った開拓団や義勇軍はどのぐらいいて、何人が亡くなったでしょうか。	・各県から多くの人が満洲に渡り、多くの人が亡くなったことに気付かせる。	4 5
	5. 学習課題を設定し、予想する。	・開拓団や義勇軍として満洲にたくさんの人が渡ったのはなぜだろうか。	・日本各地からの渡満者がいたことから組織的な動きがあったことに気付かせる。	

開拓団や義勇軍としてたくさんの人が満洲に渡ったのはなぜだろうか。

	6. 学習の見通しを立てる。	・予想の確かめ方や学習の進め方を考えよう。		

資料　1「満洲への移民と募集するポスター」（東京書籍『新編新しい社会歴史』、平成29年版、p.218）、2本書所収「種子島秀子さんの体験」など、3満蒙開拓青少年義勇軍の体験（本書所収資料）、4「満洲にいた日本人の数と死亡者数」（欄外参照）、5「満蒙開拓青少年義勇軍府県別送出番付、

昭和17年4月1日現在、長野県下伊那教育会所蔵」（清水書院『日本史B』、平成26年版）など

資料④：満洲にいた日本人の数と死亡者数
　敗戦時に満洲（関東州を含む）に残留していた日本人は約155万人で、そのうち開拓団員・義勇隊員は27万人。犠牲者は24万5,000人で。そのうち開拓団員・義勇隊員は7万2,000人。
　〔加藤聖文（2017）『満蒙開拓団　虚妄の「日満一体」』岩波書店、p.218〕

---

4. 高等学校地理歴史科（歴史総合）の授業事例

（1）授業づくりの視点

『高等学校学習指導要領（平成30年告示）解説　地理歴史編』では、歴史総合は、「社会の形成者となる生徒が、現代的な諸課題の形成に関わる近現代の歴史を主体的に考察、構想できるように配慮した科目である」とし、次のような大項目を設定している。

A. 歴史の扉
B. 近代化と私たち
C. 国際秩序の変化や大衆化と私たち
D. グローバル化と私たち

　中国・サハリン残留に関わる内容として、「C. 国際秩序の変化や大衆化と私たち」に着目したい。それは以下の中項目が設定されている。

（1）国際秩序の変化や大衆化への問い
（2）第一次世界大戦と大衆社会
（3）経済危機と第二次世界大戦
（4）国際秩序の変化や大衆化と現代的な諸課題

「(4) 国際秩序の変化や大衆化と現代的な諸課題」については、「国際秩序の変化や大衆化の歴史に存在した課題について、同時代の社会及び人々がそれをどのように受け止め、対処の仕方を講じたのかを諸資料を活用して考察し、現代的な諸課題の形成に関わる国際秩序の変化や大衆化の歴史を理解することをねらい」とするとされ、次のように記されている。

---

(4) 国際秩序の変化や大衆化と現代的な諸課題

内容のA及びCの (1) から (3) までの学習などを基に、自由・制限、平等・格差、開発・保全、統合・分化、対立・協調などの観点から主題を設定し、諸資料を活用して、追究したり解決したりする活動を通して、次の事項を身に付けることができるよう指導する。

ア　次のような知識を身に付けること。

（ア）現代的な諸課題の形成に関わる国際秩序の変化や大衆化の歴史を理解すること。

イ　次のような思考力、判断力、表現力等を身に付けること。

（ア）事象の背景や原因、結果や影響などに着目して、日本とその他の国や地域の動向を比較したり、相互に関連付けたりするなどして、主題について多面的・多角的に考察し、表現すること。

以上を踏まえ、主題を「サハリン残留」とする授業をつくることとする。歴史総合では、その科目目標として「近現代の歴史の変化に関わる事象の意味や意義、特色などを」「概念などを活用して多面的・多角的に考察したり」「考察、構想したことを効果的に説明したり」とある。サハリン残留に関しては、そもそも残留とは何か、残留はなぜ生じたのか、なぜ残留は継続してしまったのかを説明できるようにする。

222

『サハリン残留日本人と戦後日本　樺太住民の境界地域史』（2019年）を著した中山大将は、近代および現代を「国境と国民の時代」と理解し、国民国家の形成過程において、国民と非国民の間に置かれる集団が発生すること、今なお国境になり得ていない「境界」が多く存在していることに着目する。残留とは、「境界変動によって、国民国家主義の基準から自身が属するべき国家の主権が存しない領域から主権の存する領域への移動が制限され、その領域内での居住を継続すること」と定義する。そして、このような残留現象は、日露戦争後にも起こり「残留露国人」等を生み出したと指摘し、残留現象の普遍性として、以下の4点を挙げる。

（1）脱境界化過程の混乱が生む家族離散は残留現象発生の要因になる。

（2）再境界化過程における法的身分の再編は、人口の再編のための移動（引揚げ）の対象者の選別に関係し、残留現象の発生の要因となる。

（3）再境界化過程における境界の再編とその透過性の急激な低下と跨境化過程における透過性低位状態の持続が残留現象を発生・継続させる。

（4）残留者の主な残留理由として以下が挙げられる。

　（a）生活・経済基盤の維持

　（b）（再境界化過程における人口移動（引揚げ）の非対象者との世帯形成

　（c）拘束・収監などの公権力による束縛

　（d）帰還後の生活不安

　（e）情報不足

「脱境界化」とは従来の境界が崩れること、「再境界化」とは境界が再形成されること、「跨境化」とはその新たな境界を跨ぐ関係性

の構築あるいは分断を指している。また「透過性」とは、同一境界線であっても政治的変化によって越境制限の度合いが異なることから、その度合いを示すための概念である。また、残留継続の要因としては、以下の事項を挙げている。

（ⅰ）世帯内の意見の不一致
（ⅱ）離散家族側の受け入れへの消極的あるいは否定的態度
（ⅲ）受入国側の受け入れへの消極的あるいは否定的態度

日本への帰国を訴えていた残留日本人家族を北朝鮮に送出した梅村秀子事件などを考えれば、サハリン残留において、ソ連側が残留者を日本へ送り出すことに消極的あるいは否定的態度をとっていたといえる。したがって上記事項に、「（ⅳ）残留した国の側の送出への消極的あるいは否定的態度」を加えた方がよいと考えるが、授業ではそのことも含めて検討するとよいだろう。なお、残留現象を検討する意義を中山（2019: 315–316）は次のように述べる。長くなるが引用する。

〈残留〉は歴史の中にのみ認められる〈過去〉ではなく、〈国境と国民の時代〉が続く限り起こり得る現象であり〈未来〉である。日本国外務省とロシア連邦外務省による『日露間領土問題の歴史に関する共同作成資料集』では、北方領土の返還後の在来住民の処遇について、ロシア政府は「これらの島々の住民の利益に配慮していく」とし、日本政府は「現在これらの島々に居住しているロシア国民の人権、利益及び希望を十分に尊重していく意向」であるとしている。北方領土の返還が、千島旧住民の引揚げと残留の〈報復〉や〈再発〉にならないためにも「配慮」や「尊重」の具体的な内容として検討しておく必要があり、そのためにも人類がこれまで蓄積した〈残留〉経験は活

かされるべきである。

　以上の概念や理論（解釈）、意義を踏まえて、サハリン残留を主題とした授業事例は以下の通りである。

（2）授業事例──サハリン残留の場合

1）単元名「サハリン残留の要因と今日的課題」

2）単元名のねらい

　サハリン残留に関心をもち、残留日本人および朝鮮人が戦後にサハリンから帰国できなかった要因や帰国後の生活問題について多面的多角的に考察する。また、戦後サハリン以外の残留現象について視野に入れながら残留概念を考察し、残留現象はどのような要因で生起し継続するのかを説明することができる。

3）単元の構成（全6時間）
　①サハリン残留日本人（2時間）
　　・戦後のサハリンにはどのような民族が住んでいたのだろうか。
　　・サハリン残留日本人は戦後をどのように生きたのだろうか。
　②サハリン残留の要因と継続（1時間）
　　・サハリン残留日本人はなぜ帰国できなかったのだろうか。
　　・サハリン残留は、なぜ1990年まで続いたのだろうか。
　③サハリン残留朝鮮人（1時間）
　　・サハリン残留朝鮮人が帰国できなかったのはなぜだろうか。
　　・サハリン残留朝鮮人の残留が継続したのはなぜだろうか。

④サハリン帰国者の現在（1時間）

・サハリンから帰国した人はどのような暮らしをしているのだろうか。

・サハリン帰国者が抱えている今日的課題は何だろうか。

⑤残留現象の検討（1時間／本時）

・残留とは何だろうか。

・残留はどのような要因で発生し継続してしまうのだろうか。

4）**本時展開（6／6時間）**

①目標

戦後サハリンの残留現象を中心に残留概念を考察し、残留はどのような要因で発生し継続してしまうのかを説明することができる。

②展開

	主な学習活動	主な指示・発問	留意点	資料
⑤残留現象の検討	1. 残留とは何かを考える。 2. 本時の学習課題を設定する。	・改めて、残留とは何だろうか。	・サハリン残留や中国残留の事例から残留について考える。 ・生徒の実態によって資料①を活用する。 ・日露戦争後に「残留露国人」が出た事例なども紹介する。	①
⑤残留現象の検討	残留はどのような要因で発生し、継続してしまうのだろうか。			
⑤残留現象の検討	3. 課題に対する考えをグループで出し合う。 4. 研究者の見解を検討する。	・グループで考察しよう。 ・研究者はどのように考えただろうか。批判的にみてみよう。	・越境をめぐる自由と制限、国際関係上の対立と協調に気付かせる。 ・生徒の実態により研究者の言葉をそのまま使ったり資料②③を活用したりする。	②③

5. 本時の学習をまとめる。	・学習課題についての考えをまとめよう。		

例）境界が崩れて混乱が生じ家族が離散したり、法的身分が改められたり、境界間の行き来が制限され、その状態が続くと残留が発生する。また、国籍の異なる人との結婚や、帰国後の生活不安などにより、残留者が残留を選択せざるを得なくなる。さらに、家庭内の意見が一致しなかったり、離散家族・受け入れ国側が受け入れに消極的であったり、残留した国側が送出に消極的であったりすると、残留が継続してしまう。

資料①　残留とは

　境界が変わることによって、自分が属する国家の主権のない領域から主権のある領域への移動が制限され、その領域内での居住が継続すること。

【中山大将（2019）『サハリン残留日本人と戦後日本』
国際書院、p.311 を一部平易な言葉にしたもの】

資料②　残留の発生要因

（1）混乱が生じ家族が離散すると、残留発生の要因になる。

（2）法的身分が改められると、移動（引揚げ）できるかどうかに関わり、残留現象の発生の要因となる。

（3）境界間の行き来が急激に制限され、その状態が続くと、残留現象を発生・継続させる。

（4）残留者の主な残留理由として以下が挙げられる。

　（a）生活・経済基盤の維持

　（b）引揚げ対象者にならなかった人と家族になること

　（c）拘束・収監など

　（d）帰還後の生活不安

　（e）情報不足　　　　　　　　　【中山大将（2019）前掲書、p.311 の中の難語句を
一部省略し平易にしたもの】

資料③　残留継続の要因

（ⅰ）家庭内の意見の不一致

（ⅱ）離散家族側の受け入れへの消極的あるいは否定的態度

（ⅲ）受入国側の受け入れへの消極的あるいは否定的態度

【中山大将（2019）前掲書、p.311 を一部平易な言葉にしたもの】

資　料

資料 1 　満蒙開拓青少年義勇軍送出の歴史

　満蒙開拓青少年義勇軍の募集は、1938 年 3 月に始められた。「満蒙開拓青少年義勇軍」という名称は、前年の 1937 年 11 月に政府に提出された「満蒙開拓青少年義勇軍編成に関する建白書」（以下「建白書」）から使われた。建白書の署名者は、加藤完治らである。1937 年に日中戦争が起こると、関東軍は満洲に「青年農民訓練所」の設置を決めていた。この訓練所は、16 歳から 19 歳の男子を昭和 14 年（1939）末までに約 3 万人収容し、1 年以上の訓練の後、原則として集団移民等として独立させ、必要に応じて各移民の基幹員となることが構想された。この青年訓練所創設に呼応し、制度化を求めたのが、先の「建白書」である。

　義勇軍の呼称については、拓務省は当初、消極的であった。なぜなら、予算編成上の不都合があり、外交上軍隊派遣の印象を与えかねないからである。従って拓務省は「青年開拓民」という呼び名を使用した。しかし、国内の青少年のよびかけには、「義勇軍」の方がよいとする加藤らの主張を受け入れ、「義勇軍」は、国内向けの募集に使用された。満洲では、関東軍に「義勇軍」の名称に異論があったため、「満洲開拓青年義勇隊」「義勇隊開拓団」といわれた。

　1938 年 1 月、拓務省は 5 万人の送出を前提にして義勇軍の「募集要項」を決め、募集を始めた。同年 3 月には、茨城県の日本国民高等学校（校長加藤完治）内に、「満蒙開拓青少年義勇軍内原訓練所」が発足している。義勇軍の募集要項に記された、趣旨、募集人員、応募資格、費用等は、以下の通りである（1938 年 1 月 20 日付）。

趣旨　　我日本青少年を大陸の新天地に進出せしめ、満蒙の沃野を心身錬磨の大道場として日満を貫く雄大なる皇国精神を

鍛練陶冶し、満蒙開拓の中堅たらしめ以て両国の国策遂行に貢
献せしめんとす。

募集人員　全国五万人、長野県二千五百人（内先遣隊 350 人）

応募資格　算え年十六歳（早生まれは十五歳）より十九歳迄の
身体強健、意志強固なる者

費用　　　郷里出発の際は、別項の携帯品を要するも、其後独
立の農家となる迄数年間に要する経費は、父兄等の仕送りを要
せざるものとす。

携帯品　　仕事着、地下足袋、夏冬シャツ、ズボン下、日常手
廻品（文具・石鹸・歯磨・塵紙・糸・針等）何れも日常家庭にて
本人の使用せるもの、尚旅行中の雑用として少額の小遣銭を持
参すべきも多額に亘らざること。

　この「募集要項」の補足説明とて、南佐久郡北牧村の移植民係の
メモには「訓練後集団移民となるが、補助があり、土地は一人 20
町歩、三円十五銭の支給もある」と記されていた。また、1941 年
以後、募集要項には、義勇軍は満蒙の「北辺の防衛強化」と「食料
増産」「戦力の増強」の任務が強調された。

　義勇軍の送出数の割当は原則的には国から県へ、県から各郡ある
いは市町村に対して行われた。初期の義勇軍の募集は、市町村の役
場が中心となり、募集対象となる小学校高等科卒業生や農家の二・
三男などの候補者に対して学校や区長などの協力により募集活動が
行われた。1940 年からは郷里を同じくする中隊編成となり、募集
対象は国民学校高等科卒業生が主力となり、義勇軍の編成、割当、
送出活動は、校長会や担任教師が役割を担うこととなった。

　義勇軍の応募動機について 1940 年度と 1941 年度に調査したも
のがある。義勇軍送出数最大の県は長野県だが、その長野県と全国
とを比べると次のような結果が出ている。1940 年度は、本人と答
えた者が長野県は 49.4％、全国では 34.2％となっている。教師の

すすめと答えた者が、長野県は 42.1％、全国では 47.4％となっている。他に、家族のすすめ、友人のすすめ、官公吏のすすめ、新聞等があるが、家族のすすめ（長野県：5.4％、全国 5.9％）を筆頭に、どれも一桁台である。1941 年度は、本人の項目はなくなり、教師によるすすめと答えた者が、長野県は 81.4％、全国では 77.2％となっている。その他の動機はどれも一桁台である。このように、教師によるすすめが 1940 年、41 年を通して多いことが読み取れる。

義勇軍の選考は、ほとんどが割当数に達しなかったため、特別な病気を除けば、すべて合格になった。また、出発前には出征兵士並みの壮行会が行われたところもある。全国の義勇軍送出計画数および送出数は以下の表の通りである。なお、送出数は計 8 万 6,530 人である。

表・資 1-1　全国の義勇軍送出計画数および送出数

年度	計画（人）	送出（人）
1938 年	30,000	21,999
1939 年	30,000	8,887
1940 年	12,600	8,922
1941 年	12,000	12,622
1942 年	12,100	11,795
1943 年	20,800	10,658
1944 年	30,000	7,799
1945 年	30,000	3,848

（長野県歴史教育者協議会編 2000 より一部を除いて転載）

なお、拓務省は、1938 年に「大陸の花嫁」の募集に着手している。「大陸の花嫁」とは、「満蒙開拓団」と「青少年義勇軍」の配偶者として、訓練所や現地での実習を受けた者、あるいは体験者の中から「花嫁」として「送出」させていった女性たちで、「興亜乙女」ともいわれた。

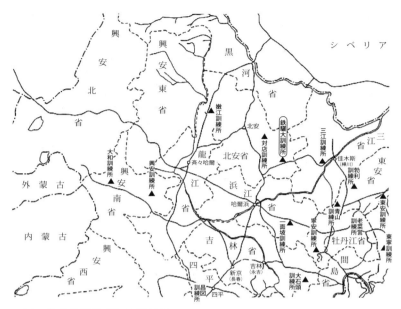

図　満州義勇隊開拓入植地図（昭和19年現在）（郷土出版『長野県満州開拓誌』（下巻）、義勇隊開拓団』より転載）

資料2　満蒙開拓青少年義勇軍の体験
——水田克己さんの場合

　満蒙開拓青少年義勇軍は、ポスター等の視覚的資料という形で、現在の小・中学校の社会科教科書に取り上げられながらも、その体験は、あまり知られていないように思われる。満蒙開拓青少年義勇軍の送出には、当時の学校教員が大きく関わっている。子どもにとっても教員にとっても、満洲移民問題は決して、学校の外で起きた「他人事」ではないことを教えてくれる。

　資料2で紹介する、水田克己さんは1929年（昭和4年）に長野

県で生まれた。克己さんは五男で、1944年に国民学校高等科を卒業し、同年、内原訓練所に2カ月間入所し、その後、同年5月に渡満している。水田さんの帰国は、1946年10月のことである[11]。

（1）満洲に渡る

　私の家は、土地も財産もほとんどない、いわゆる「水呑百姓」でした。父が耕していた田んぼは地主のもので、長男、次男、三男は、兵隊に出ていました。私の家には、出征兵士の家という長い幟（のぼり）が出ました。出征兵士の家という幟が立った家の田んぼは、学校の生徒が、勤労奉仕で耕してくれることになっていました。

　私が満洲に渡ることになったのは、担任の先生が「五男なんだからどうだ」といったのがきっかけでした。先生は、ものすごく厳しい先生でしたが、しつこく言うことはありませんでした。また、「土地がいくらかもらえる」ということも言いませんでした。先生に聞かれた時、私は行きたくなかったので、黙っていました。というのも、私は、日本の戦況がよくないと感じていたからです。4、5年生の頃、学校で、日本とアメリカが戦っているニュース映画を見たことがあります。日本が敵機を打ち落としたなど日本の戦果を伝える内容が主でした。最後は天皇陛下のことを持ち出して「かしこくも天皇陛下……」というとさっと正座して聞いていました。ニュース映画では、決まって「我が方の損害は軽微なり」と言うのです。それを聞いて、私は信じられませんでした。というのも、一番大事な家の鉄瓶までお国のために出さなければいけませんでしたし、私が住んでいる所には、戦争で亡くなった人が次々と出ていたからです。私は「我が方の損害は軽微なり」に疑問を感じていました。けれども、口に出すことはできません。ずっと黙っていました。

　卒業式が迫ってきた頃です。先生から、「どうかね」と言われました。私は、「行きます」と言ってしまいました。今と違って、昔

は、先生の言うことに反対することはありません。先生と子どもが
手をつなぐということもありません。もちろん、私が小学校1、2
年生の頃は、先生と鬼ごっこをしたこともありました。でも、戦争
が激しくなってくると私の担任の先生は、軍人のようになり、顔つ
きも変わってきました。うそは言いませんでしたが、だんだんと厳
しくなっていったのです。当時は、先生がそうしろといえば、結局
はそうしなければならないような時代でした。先生に「行きます」
と言った後、父に報告しましたが、「ああ、そうか」と言うだけで
した。母は黙っていました。

　私のいた学校から義勇軍に行くことに決まったのは、14人です。
学校では壮行会が開かれました。3月20日に卒業式で、21日に一
日休みをもらって、22日に内原に出発しました。出発前に撮った
写真では、私は日本の国旗をもち、仲間は満洲国の国旗をもちまし
た。内原に入ったのは3月23日です。内原での生活は、朝6時の
ラッパの合図で起きて、点呼、作業、軍事訓練など、9時の消灯ま
で色々とありました。当時支給された服をみると、肘やひざに布が
充てられていました。ほふく前進の練習などで、それらの部分がす
り減るからでしょう。新しい服はもらえず、布を当てて着続けるの
です。また、毎日のように朝から晩まで鼓笛隊が演奏をしていまし
た。入所する者、出所する者のために、演奏していたのだと思いま
す。

(2) 満洲での訓練

　内原での訓練は、通常は3カ月間ですが、立派な中隊なので抜擢
して早く渡満すると言われました。そして、2カ月もいかないうち
に満洲に渡りました。5月20日、夜中の2時に猛烈な雨の中を歩
いて内原の駅まで行き、そして下関に向かいました。船に乗って、
朝鮮半島に渡り、鉄驪に着きました。ハルビンよりも北にある鉄驪
には、大訓練所がありました。弥栄広場で入所式をして、屋根の上

資　料　235

に草がいっぱい生えている兵舎に入りましたが、中には、電気はありませんでした。私は、炊事班に入りました。鉄驪はほぼ原野にあって、すぐに開墾できません。最初に馬耕をし、その後一列に並んで開墾をし、2〜3日たって、大豆の種をまいていきました。私は2回だけ、開墾鍬をもって開墾に出かけたこともあります。それ以外に開墾をしたことはありませんでした。ただ、軍事訓練は毎日ありました。軍事訓練では、実弾はつかわず、空砲で行っていました。鉄驪の生活には自由はなく、自分の中隊から一歩も出て行くことはできませんでした。外へ農作業に行った時に必ず敬礼をしなければならず、忘れると怒られてビンタをされました。近くに、中国人の住む部落がありましたが、私たちは一回もしゃべることはありませんでした。

　鉄驪に入って間もなく、移動の命令が来ました。それが、三江の訓練所です。両角中隊として入りました。11月前のことです。長野県の中隊が、春のうちに種を植えて収穫し、冬越しの準備にと、大きな貯蔵庫へ大豆や白菜などを運んでくれていました。満洲の冬は大変厳しいです。冬に訓練すると、まゆげの下に氷の玉がついて、息をするのも苦しいぐらいです。ちょっと訓練で汗をかいて、足の先が凍傷になってしまうこともありました。大変なのはトイレです。トイレで用をたすと、富士山のようにたまっていきます。普通は平らになりますが、冬ですから、とがってきます。ツルハシをもって中にはいって作業するという当番がありました。それが嫌な当番でした。当番が終わって部屋に入り、氷が解けてくると、服についたものが臭ってくるのです。また、冬の間も軍事訓練は毎日ありました。農作業は春までほとんどなく、4月になって私は水田班に入りました。

　義勇軍の中にも、いじめがありました。増援隊として後からやってきたある隊員は、仲間にいじめられて、大きな井戸の中に身体をしずめて、自殺しました。あいつは生意気だということで、いじめ

にあったのです。私たちの中隊の名簿には、彼の自殺については書いていません。自殺と聞けば、親御さんが悲しむでしょう。中隊長の計らいで、病気で亡くなったことになっていますが、それは本当のことではありません。自分たちの村の仲間であれば安心できるのですが、ほかの村の集団の中に入るときは、私もいじめの対象になってしまうこともありました。

（3）ソ連参戦とその後

　8月のある日、ソ連が入ってきそうだから、すぐに戻ってくるようにという命令が、関東軍から入りました。香欄駅に開拓団員2,500人が待っているので、それを護衛してハルビンまで来るようにという命令でした。開拓団の中には、はだしのまま逃げてきた人もいました。開拓団と一緒に南方に移動する時に、私は初めて関東軍を見ました。装甲車に乗った5、6人の関東軍が、手を振りながら、「行ってくるでな、やっつけてくるでな」と言って、ソ連との戦闘地域に向かいます。それだけ気持ちは高ぶっていましたが、装備をみれば、行けばやられるのは分かります。よく関東軍は開拓団を見捨てたという話がありますが、私はそれは違うと思います。関東軍は南方に連れていかれて、満洲には関東軍はあまりいなかったんです。いずれにせよ、それが、私の見た最初で最後の関東軍でした。

　私たちは開拓団とともに、屋根のない列車（無蓋車）に乗りました。無蓋車は途中で止まって一晩中動かなかったり、時には、途中で降りて歩かされたりしました。私たちでさえ、靴を投げ捨てて、休みたいぐらいです。開拓団のあるおばあさんは、途中で歩けなくなり、自分の息子に向かって何もいわず早く行けと手を振っていました。その場に残ったそのおばあさんは、そのまま亡くなったと思います。やがて開拓団は、ハルビンの飛行場に集められ、その後、私たちは、ハルビンの訓練所に入れられました。

資料　237

私たちが、戦争に負けたと知ったのが、8月19日のことでした。しばらくして、ハルビンにソ連兵が来るようになり、まず鉄砲を全部取られました。そして、時計や万年筆なども取られました。各地の収容所の間を移動するよう、命じられました。例えば、「牡丹江に終結せよ」というソ連の命令が来て移動し、その後に、ジャムスに行かされ、日本の砲兵隊の兵舎を壊して貨車に積み込む仕事をしました。「日本に戻してやる」と言われて働いていましたが、結局はハルビンに戻らされました。そこで冬を越すことになり、大勢の人が12月から2月の3カ月間に亡くなりました。とても寒く、栄養失調にもなりました。「わーわー」と大きい声を出している人がいました。その人は翌朝、静かになって亡くなっていました。亡くなると、ソ連のトラックが来て、服を脱がされ、土が凍って掘れないため、松花江で流されたそうです。私の故郷の義勇軍仲間も4人が亡くなりました。

　3月が過ぎて暖かくなり、元気な人は中国人に雇ってもらうことになり、それで、私は、馬車に使う馬の蹄鉄士になりました。鶏飼いの家に入って生活し、そこで寝泊まりをして食べていけたので、中隊から帰ってこいと言われるまで、比較的よい生活ができました。また、身体も丈夫だったので、病気をすることもありませんでした。日本への帰国の話が出ると、中国人に「帰るな、帰るな」と言われました。「何とかして帰らないと」と思っていたので、余計なことは言わず、「帰れという命令がきたから帰ります」と言って出てきました。

　出発は、9月に入ってからです。長春、奉天を通って、錦州に入り、葫蘆島に着きました。無蓋車で移動したり、一日も動かない無蓋車で生活したり、無蓋車が動かなくなって歩いたりしながら、葫蘆島に着きました。葫蘆島では、あの船に乗れば帰れると分かっていて、乗船前に亡くなった人もいます。身体検査をし、船にのり、やがて船は佐世保に着きました。佐世保から汽車に乗った時にはや

れやれと思いました。前もって中隊から帰ることは連絡していましたので、駅まで兄が迎えに来てくれました。家へ帰って静かだなと思ったら、父親がいません。間もなく、亡くなったことを聞かされました。それを聞いて私は、本当に親不孝だと思いました。

（4）先生との再会

帰って来た時は16歳です。次の年（昭和22年）の3月に築炉工を始めました。ボイラーをつくりましたが、世の中が安定し、お風呂を作る人が出てきて、そのうちにかまどを作りたいという人が出て、48歳まで働きました。二人の子どもが高校を卒業した後に、年金の心配があって、会社員として勤めることにしました。

故郷から義勇軍に行ったのは14人。そのうち4人が亡くなりました。故郷に10人が帰って来れましたが、その内の一人に会っただけで、あとは誰とも会うことはありませんでした。その一人が「同級会をやりたい」と言ったので、出かけていくと、私たちを送り出した担任の先生がいました。義勇軍に行ったその友人は、家の長男だったため、先生は義勇軍を勧めなかったと聞いています。でも、本人が行くといったらしく、同級会で先生が「お前さんには悪いことをしたな」と言いました。それを聞いて私たちはびっくりしました。先生は当時、海軍や義勇軍に行け、行け、といっていたのに、海軍に行って15歳で死んだ私たちの同級生については、何も言わなかったからです。その長男にだけに「悪いことしたな」と言ったのです。その後、先生と一度だけ会う機会がありました。先生の家にお風呂を作りにいった時のことです。たまたまのことでした。でも、私は一言もしゃべりませんでした。先生もしゃべりませんでした。その先生は、のちに校長先生になりました。

義勇軍について一言で言えば、国が悪い、そして義勇軍は関東軍の代理だったということだと思います。開墾すると言っておいて、軍事訓練ばかりでしたから。最初、私の体験については、ほかの人

資料　239

に知られない方がいいと思っていました。でも、今は、知れたっていいと思っています。事実は事実ですから。実際にあったことですから。

資料3　中国・サハリン残留に関する 小学校社会科教科書の記述

　ここで取り上げるのは、東京書籍発行の教科書である。【　】は、本文、脚注、写真、グラフ、表、課題、などの引用元の形式を表し、写真やコラムの後にはゴチック体でそのタイトルを示す。「　」は、引用元の見出しを表す。西暦は検定済の年を表す。一冊の教科書に記された引用ごとに□で囲んでいる。

【写真】中国から引きあげてきた孤児たち　中国には、日本に帰ることのできなかった孤児が、まだ、おおぜいいます。
【コラム】日本と近い国々の様子と関係　けれども、戦後中国に残された残留孤児の問題をはじめ、戦争のきずあとは、まだ深く残っています。

（6年上、「戦争と新しい日本の出発」1992年）

【コラム】中国残留孤児楊さんの話　日中戦争のころ、中国にわたった日本人を父母として、わたしは中国で生まれました。父が軍隊に入っていて、るすのとき、ソ連軍がせめてきて、日本軍は敗走しました。いっぱんの日本人は、ソ連軍だけでなく、長い間の日本の支配下に苦しんだ中国の人たちがおそうのではないかと、おびえながらにげまどいました。とちゅうで母を見失い、わたしは孤児として残されました。中国人の家族に養われ、今は54才になります。もちろん、母と会いたいし、

240

自分がなに者なのかを知りたいと思いますし、日本人として日本に帰りたいです。でも、やっと国交が開かれたときには、わたしたちの親さがしは、あまりにもおそすぎました。中国の養父母もわたしにいてほしいと言いますし、帰国して日本人としてくらしていけるか心配です。

（6年下、「日本と関係の深い国々」1992年）

【写真】中国から引きあげてきた両親を失った子どもたち　中国には、戦争が終わっても、親のゆくえがわからず、日本に帰ることのできなかった子どもが、まだ、大勢います。

【課題】日本と近い国々の様子と関係　けれども、戦後中国に残された残留孤児の問題をはじめ、戦争のきずあとは、まだ深く残っています。

（6年上、「長く続いた戦争と新しい日本の出発」1996年）

【コラム】中国残留孤児楊さんの話　日中戦争のころ、中国にわたった日本人を父母として、わたしは中国で生まれました。父が軍隊に入っていて、るすのとき、ソ連軍がせめてきて、日本軍は敗走しました。いっぱんの日本人は、ソ連軍だけでなく、長い間の日本の支配下に苦しんだ中国の人たちがおそうのではないかと、おびえながらにげまどいました。とちゅうで母を見失い、わたしは孤児として残されました。中国人の家族に養われ、今は58才になります。もちろん、母と会いたいし、自分がなに者なのかを知りたいと思いますし、日本人として日本に帰りたいです。でも、国交が開かれたときには、わたしたちの親さがしは、あまりにもおそすぎました。中国の養父母もわたしにいてほしいと言いますし、帰国して日本人としてくらしていけるか心配です。

【本文】また、中国には、敗戦のときに、孤児となった日本人

資料　241

がたくさんいます。この人たちの中には、日本に帰って生活したいと強く望んでいる人が大勢います。

【写真】中国残留孤児の日本での肉親との出会い

(6年下、「日本と関係の深い国々」「平和を願う」1996年)

【写真】満州の土地の開拓

【本文】街には、中国や朝鮮、アジアの国々など、海外の戦地からもどった兵士や引きあげてきた人々、それに失業者があふれていました。

【写真】中国から引きあげてきた両親を失った子どもたち　中国には、戦争が終わっても、日本に帰ることのできなかった子どもたちが、大人になった今でも、まだ大勢います。

【コラム】中国とは、1972年に国交を正常化し、1978年には日中友好条約を結んで、経済、文化などの交流を強めていますが、中国残留孤児問題など、戦争のきずあとは今でも深く残っています。　　　　　　　(6年上、「長く続いた戦争とアジアの人々」

「新しい日本、平和な日本へ」、2000年)

【本文】また、中国には、敗戦のときに、孤児となった日本人がたくさんいます。この人たちの中には、日本に帰って生活したいと強く望んでいる人が大勢います。

【写真】中国残留孤児の日本での肉親との出会い

(6年下、「平和を願う」2000年)

【写真】中国に残され「戦争孤児」となった人たち　戦争が終わっても、中国に残されたままの人々が、毎年肉親さがしに、日本にきます。(6年上、「戦争を体験した人々とくらし」2002年)

【写真】満州へ移住した人

242

【写真】中国に残された「戦争孤児」となった人たち　戦争が終わっても、中国に残されたままの人々が、毎年肉親をさがしに、日本に来ます。

（6年上、「長く続いた戦争と人々のくらし」2005年）

【写真】満州へ移住した人々　日本の支配を確立するために、多くの人々の満州への移住が進められました。
【写真】中国残留孤児となった人たち　満州に移住した人々のなかには、日本に帰れず中国に残された人もおり、肉親を探しに毎年日本に来ます。

（6年上「長く続いた戦争と人々のくらし」2012年）

【写真】満州移住をよびかけるポスター　こうしたよびかけは、全国各地で行われました。
【写真】中国残留孤児となった人たち　満州に移住した人々の中には、日本に帰れず中国に残された人が多くいました。今でも肉親探しが続けられています。

（「長く続いた戦争と人々のくらし」2014年）

資料4　中国・サハリン残留に関する中学校社会科教科書の記述

　ここで取り上げるのは、東京書籍発行の教科書である。【　】は、本文、脚注、写真、グラフ、表、課題、などの引用元の形式を表し、写真やコラムの後にはゴチック体でそのタイトルを示す。『　』は教科書名を、「　」は引用元の見出しを表す。西暦は検定済の年を表す。一冊の教科書に記された引用ごとに□で囲んでいる。

資料　243

【本文】満州平野　中国東北地方の中央部をしめる満州平野は新しく開かれたところである。ことに20世紀にはいってから、中国、朝鮮、日本人などが広い耕地を開いた。

（「アジアの土地と人々の生活」『新しい社会科　中学1年下』1952年）

【本文】ところが敗戦の結果、海外から多くの引揚者が帰ってきたために、ただでさえ高いわが国の人口密度は、ますます高くなってきたのである。

（「近代工業と日本の将来」『新しい社会科　中学2年上』1952年）

【本文】暗い社会　外地からの引揚者もおびただし数にのぼった。

（「社会の動き」『新しい日本史　中学校用全』1954年）
＊第2学年以上で使用

【写真】海外からの引揚げ（中国の港で引揚船に乗りこむ日本人）

（『新編新しい社会⑥』1956年）
＊現在の公民的分野の上巻に相当

【脚注】戦前、日本人で中国に住み、商工業に従事する人も少なくなかった。（「うまれかわった中国」『新しい社会1』1962年）
＊現在の地理的分野に相当

【脚注】また、日本の政府は、農民を集団で満州に入植させた。しかし、そのために満州の農民から土地を強制的に買い上げたりして、住民の強い反発をうけ、多くのぎせい者をだした。

（「世界恐慌と日本の大陸進出」『新しい社会　歴史』1981年）

244

【脚注】　また、日本の政府は、農民を集団で満州に入植させた。しかし、そのために満州の農民から土地を強制的に買い上げたりして、住民の強い反発をうけた。

（「世界恐慌と日本の中国侵略」『改訂新しい社会　歴史』1984 年）

【脚注】　また、日本の政府は、農民を開拓団として集団で満州に移住させ、農業に従事させた。しかし、そのために満州の農民から土地を強制的に買い上げたりしたので、住民の強い反発を受けた。

【写真】「満州」から引きあげてきた孤児たち　肉親の遺骨を胸にいだき、子供だけが帰国した。

【本文】敗戦と国民の生活　戦争で家を焼かれた人や、敗戦で海外から引きあげてきた人、軍隊から復員した人など、おびただしい数の人々が、家や職を求めて町にあふれた。

【脚注】　特に、終戦直前にソ連軍の攻撃を受けた満州（中国東北部）では、日本軍が居留民を見捨てて後退したこともあって、混乱がはなはだしく、引きあげも翌年まで開始されなかった。その間に、もと開拓団の人々などの間では、家族がはなればなれになるなどの悲劇が各地で起こった。

（「ファシズムと日本の中国侵略」「占領と日本の民主化」

『新編新しい社会　歴史』1986 年）

【脚注】　また、日本の政府は、農民を開拓団として集団で満州に移住させ、農業に従事させた。しかし、そのために満州の農民から土地を強制的に買い上げたりしたので、住民の強い反発を受けた。

【写真】戦争孤児たち　戦争で多くの子どもたちが両親を失った。戦争が終わると、満州からも肉親の遺骨を胸にいだいた孤

資　料　245

児たちが帰国した。こうした孤児たちをはじめ、敗戦直後の人々の生活はどのようなものだったのだろうか。

【本文】敗戦と国民の生活　敗戦後、焼け野原となった町には、家を焼かれた人々や、敗戦で海外から引きあげてきた人々、軍隊から復員した人々などが、家や職を求めてあふれていた。

【脚注】特に、終戦直前にソ連軍の攻撃を受けた満州（中国東北部）では、混乱がはなはだしかった。引きあげも翌年まで開始されず、その間に、もと開拓団の人々などの間では、家族がはなればなれになるなどの悲劇が各地でおこった。

（「世界恐慌と日本の中国侵略」「占領と日本の民主化」

『新しい社会　歴史』1993 年）

【写真】**満蒙開拓青少年義勇軍**　軍部と政府は、満州への移民をよびかけました。不況のため貧困にあえぐ地方では、広大な満州で自作農になることを夢見て、村民の半分もの人々が集団で移住することも少なくありませんでした。そのあと、移民の確保がむずかしくなると、今の中学生・高校生に当たる少年たちを「義勇軍」として募集するようになりました。

【吹出】政府は、なぜ満州への移民を進めようとしたのだろうか。

【写真】**戦争孤児たち**　戦争で多くの子どもたちが両親を失いました。満州や朝鮮からもおおぜいの子どもたちが帰国しました。

【吹出】女の子が胸に下げているものは何だろうか

【脚注】特に、終戦直前にソ連軍の攻撃を受けた満州（中国東北部）では、日本軍が居留民を見捨てて後退したこともあって、混乱がはなはだしかった。引きあげも翌年まで開始されず、その間に、もと開拓団の人々などの間では、家族がはなればなれになるなどの悲劇が各地でおこった。

（「世界恐慌と日本の中国侵略」「占領と日本の民主化」

『新しい社会　歴史』1997 年）

【写真】**戦争孤児たち**　戦争で多くの子どもたちが両親を失い
ました。満州や朝鮮からもおおぜいの子どもたちが帰国しました。

【吹出】女の子が、胸に下げているものは何だろう。

（「占領と日本の民主化」『新しい社会　歴史』2002 年）

【写真】**戦後の子どもたち**　戦争で多くの子どもたちが両親を
失い、満州や朝鮮からも、おおぜいの子どもたちが帰国しまし
た。こうした子どもたちが、新しい日本をつくっていきました。

【吹出】女の子が胸に下げているものは何だろう

（「占領と日本の民主化」『新編新しい社会　歴史』2006 年）

【写真】**大陸から引きあげてきた子どもたち**　戦争で多くの子
どもたちが両親を失い、満州や朝鮮からも、おおぜいの子ども
たちが帰国しました。こうした子どもたちが、新しい日本をつ
くっていきました。

【吹出】女の子が首から下げているものは何だろう

【地図】**復員と引きあげの状況**　軍人の復員と民間人の引きあ
げで、2011 年 1 月までに、629 万 7170 人が日本に帰国しました。（厚生労働省資料）

【本文】敗戦後、植民地や占領地にいた軍人と民間人が、日本
にもどってきました。しかし、復員や引きあげは順調には進ま
ず、シベリア抑留や中国残留日本人孤児などの問題が発生しま
した。

【脚注】満州でソ連軍にとらえられた約 60 万人の人々が、数

資　料　247

年間シベリアで強制労働をさせられ、その1割余りが死亡したといわれています。

【写真】中国残留日本人孤児　満州にいた多くの日本人の子どもたちが、ソ連の侵攻にともなう混乱によって、肉親と別れて孤児になり、中国人の養父母に育てられました。1981年から日本で肉親探しが始まり、これまで約2500人が永住帰国しましたが、言葉、生活習慣、仕事などの面で困難をかかえています（2007年11月）

（「戦後日本の発展と国際社会」『新しい社会歴史』2013年）

【写真】満州への移民（上：1941年）と募集するポスター　数十万もの農民が移民として満州に渡りました。

【本文】日本が支配した満州国には、軍事的な目的もあって、日本からの移民が進められました。

【写真】大陸から引きあげてきた子どもたち　戦争の子どもたち　戦争で多くの子どもたちが両親を失い、満州や朝鮮からも、大勢の子どもたちが帰国しました。こうした子どもたちが、新しい日本を創っていきました。（東京都　1946年12月）

【吹出】女の子が首から下げているものは何だろう

【地図】復員と引きあげの状況（厚生労働省資料）　軍人の復員と民間人の引きあげにより、2014年4月までに、629万7237人が日本に帰国しました。

【本文】敗戦後、植民地や占領地にいた軍人と民間人が、日本にもどってきました。しかし、復員や引きあげは順調には進まず、シベリア抑留や中国残留孤児などの問題が発生しました。

【脚注】満州でソ連軍にとらえられた約60万人の人々が、数年間シベリアで強制労働をさせられ、多くの人々が死亡しました。

【写真】中国残留日本人孤児と再会を喜ぶ家族　満州にいた多

くの日本人の子どもたちが、ソ連の侵攻にともなう混乱によって、肉親と別れて孤児になり中国人の養父母に育てられました。1981年から日本で肉親探しが始まり、これまで約2500人が永住帰国しましたが、言葉、生活習慣、仕事などの面で困難をかかえています。(1981年3月)

（「戦後日本の発展と国際社会」『新編新しい社会歴史』2015年)

あとがき

　中国・サハリン残留日本人について知りたいと思って調べ始めると、一人一人の人生の重みは言うまでもなく、人生を揺さぶってきた国内外の様々な出来事、環境、政治が見えてくる。残留された方が過去を語る時、時折、涙をにじませられることがある。言葉にならないこともある。あるいは、笑い話に変えられる時もある。そのいずれもが心に残る。その語りを聞くだけでも、人としての生き方や、我々の社会の過去と現在を考えさせられる。

　本書で取り上げた残留体験は、筆者が聞き取ったすべてではない。例えば、2018年9月、筆者は、まだ帰国できないでいる中国残留日本人とハルビンでお話を伺う機会を得た。彼女は、1944年に生まれ、父親は分からず、母親は日本人である。終戦当時、母親は、病気のために彼女を育てられず、彼女をハルビンに住む中国人養父母に預けた。そして5歳になった時、母親がハルビンの養父母の家を訪ねてきて、養母からお金を受け取り、そのまま去っていったという（この時の光景はよく覚えていると言われた）。母親はその後、日本に帰国し再婚するが、1982年に母親は再び中国にやって来て彼女と会う。そして、彼女はその時に母親からお金を手渡された。後ほど母親の妹から、これで親子の縁はないからと告げられた。母親は中国に自分の子どもがいることを再婚相手に隠してきたのだという。

　中国残留日本人である彼女は、中国では何かあれば「小日本」といわれ、心を痛めてきた。旧満洲国時代、かの有名な731部隊のおかれたハルビンで日本人として戦後を生きることの苦労は想像に難くない。75歳になった今でも帰国したい気持ちは変わらない。

養母は本当によくしてくれたが、日本への想いはますます強くなるという。一度、厚生労働省の幹部に会う機会を得たが、その幹部には、一時帰国が適切と言われた。しかし、その幹部は間もなく退職し、一時帰国もできないまま現在に至っている。「私は中国で育ってずっと周りから日本人だと言われ続けている。それでいて日本に帰れない。私は一体何人なのか」と彼女は話す。敗戦下の社会混乱の中で母親の下を離れ、自分の意志に関わらず幼少時代から現在まで中国に残留し、自分のルーツと向き合いながら（向き合わざるをえない社会状況を生きながら）、自分の祖国に帰ることができない（日本人として帰国することが認められない）人間がいるのである。

　残留日本人問題は、過去のすでに解決した問題ではない。現在の問題である。本書では、中国とサハリンの事例を取り上げたが、残留日本人は北朝鮮にもフィリピンにもインドネシアにもいる。大日本帝国が崩壊し、そこで起きた人口移動の過程で、残留・抑留・留用等を余儀なくされた人々が生まれた。我々はその事実、人々の生活体験に向き合う機会を失ってきたのではないだろうか。

　本書の最後に、ある引揚体験者との聞き取りエピソードを紹介しておきたい。80歳後半になるその方は、足腰が弱くなったこともあり、奥様を連れて、筆者との待ち合わせ場所に来て下さった。記憶のはっきりしない所があれば、奥様はその都度、問いなおして下さった。最後に、奥様が次のように言われたことが心の奥底に残っている。「もっと早くに聞いて下さっていれば……。夫が本を出したのが10年前。あれから10年が経ってしまったと思いました」。

　戦後74年、当時を生きた体験者に、当時の様子を聞かせて頂く最後の機会に突入している。たとえ遅きに失したとしても、可能な限り聞き取って、記録として残していくことは重要だと考える。

　本書を執筆するにあたり、多くの方のご協力を頂きました。本書に登場する、種子島秀子さん、相井道夫さん、猿田勝久さん、戸倉

あとがき　251

冨美さん、菅生善一さん、伊藤實さん、寺山八重子さん、松本和子さん、水田克己さんには改めてお礼申し上げます。また、大通高校の佐藤千恵子さんや北海道帰国者センターの職員の皆さんからは、現在のお立場から、帰国者に関わる様々な取り組みや現状を聞かせて頂きました。そして、日本サハリン協会会長の斉藤弘美さん、中国帰国者支援・交流センターの馬場尚子さん、小川珠子さんには、様々な面でご協力を頂き、いつもながら帰国者問題に取り組む姿勢を学ばせて頂いています。全てのお名前を挙げることは控えさせて頂きますが、多くの方のご協力があって本書の刊行に至りました。改めて感謝申し上げます。

　なお、本書の内容の一部は次の論文でも取り上げていることをお伝えさせて頂きます。サハリン（樺太）を語るのであれば、先住民族についても考えなければなりませんが、下記論文において、本書では取り上げられなかったサハリン先住民族について言及しております。

- ・太田満「サハリン残留・帰国者学習の教材開発」『共栄大学研究論集』第 17 号、2019 年
- ・太田満「戦争孤児・中国残留孤児の経験から戦争について考える歴史教育実践」森茂岳雄他編著『社会科における多文化教育』明石書店、2019 年

　本書に登場する種子島秀子さんとは 2018 年 1 月に初めてお会いしました。それから何度も、私の勤める大学に来て下さり、学生や現場教員にご自身の体験をお話し下さっています。教壇に立ち、ご自身の体験を語られる姿からは、80 歳を超える年齢は一切感じません。椅子を用意されても一度も座らず、一滴の水も口にせず、1時間でも 2 時間でも語られます。後日、その姿に圧倒されたことを伝えると、「私の後ろには、満蒙開拓で亡くなった 7 万以上の方がいますから」とこたえられました。

252

語り継がなければ、中国やサハリンで亡くなった人、残留された人の体験は、なかったことも同然になってしまうと思います。そうならないようにと本書の執筆に取り組みました。日本を含め北東アジアの平和を願うならば、北東アジアの過去と現在を探究することは重要です。中国・サハリン残留日本人の体験はその切り口になると考えます。

　最後になりますが、本書の公刊を快く引き受けて下さり、貴重な助言を下さった明石書店の大江道雅社長、並びに本書をよりよいものにするための的確な助言と編集の労をとって下さった小林一郎様に心より感謝申し上げます。

【注】
1) 種子島さんご自身が書かれた講演原稿を参考にしている。種子島さんには 2017年1月から2019年6月にかけて、機会をみつけてインタビューをした。
2) 相井さんには、2019年6月25日に、インタビューをした。
3) 猿田さんには、2018年5月13日、及び同年6月11日に、インタビューをした。
4) 戸倉さんには、2018年8月22日、2019年6月6日に、インタビューをした。
5) 菅生さんには、2018年8月21日に、インタビューをした。
6) 伊藤さんには、2018年8月21日、同年11月3日、2019年6月5日に、インタビューをした。
7) 筆者は、2018年11月1日に大通高校を訪ね、佐藤さんにインタビューをした。
8) 筆者は、2018年8月21日、2019年6月7日に同センターを伺い、話を伺った。
9) 寺山さん、松本さんには、2018年11月11日に、韓国にて両者同席のもとインタビューをした。なお、寺山さんがロシア語または朝鮮語を話された際、松本さんに通訳をしてもらった。松本さんは、日本語もロシア語も朝鮮語も話せるが、二人とも「勉強していない」ということで、日本語の文章については、平仮名・片仮名しか読めないという。
10) 2018年9月15日に、胡暁慧氏にインタビューをした。
11) 水田さんには、2019年6月8日にインタビューをした。なお、語りの内容については、義勇軍シンポジウム実行委員会編（2015）『第5回義勇軍シンポジウム記録集』を参考にしながら、同日の筆者によるインタビュー内容を加え、再構成したものである。
＊本書の土台となる研究はJSPS科研費（18K13169）の助成を受けたものです。

引用・参考文献

〔中国・サハリン残留日本人関連〕

浅野慎一・佟岩（2016）『中国残留日本人孤児の研究——ポスト・コロニアルの東アジアを生きる』御茶ノ水書房。

蘭信三（1994）『「満洲移民」の歴史社会学』行路社。

蘭信三（2009）「課題としての中国残留日本人」蘭信三編『中国残留日本人という経験——「満洲」と日本を問い続けて』勉誠出版。

蘭信三編（2009）『中国残留日本人という経験——「満洲」と日本を問い続けて』勉誠出版。

蘭信三（2013）「帝国以後の人の移動」蘭信三編『帝国以後の人の移動——ポストコロニアリズムとグローバリズムの交錯点』勉誠出版。

蘭信三編（2013）『帝国以後の人の移動——ポストコロニアリズムとグローバリズムの交錯点』勉誠出版。

井出孫六（2004）『終わりなき旅——「中国残留孤児」の歴史と現在』岩波書店。

NPO 法人中国帰国者の会編（2011）『わたしたちは歴史の中に生きている』。

NPO 法人日本サハリン協会（2015）『樺太（サハリン）の残照——戦後 70 年近藤タカちゃんの覚書』NPO 法人日本サハリン協会。

大久保真紀（2009）「中国帰国者と国家賠償請求集団訴訟」蘭信三編著『中国残留日本人という経験——「満洲」と日本を問い続けて』勉誠出版。

大橋春美（2009）「日本と中国の狭間で——中国帰国者二世というアイデンティティ」蘭信三編『中国残留日本人という経験——「満洲」と日本を問い続けて』勉誠出版。

小川津根子・石井小夜子『国に捨てられるということ——「中国残留婦人」はなぜ国を訴えたか』岩波ブックレット No.666。

小川峡一（2005）『樺太・シベリアに生きる——戦後 60 年の証言』社会評論社。

小川峡一（2010）『置き去りにめげずカザフスタンで生き抜いた同胞たち』NPO 法人日本サハリン同胞交流協会。

加藤聖文（2006）『満鉄全史「国策会社」の全貌』講談社。

加藤聖文（2009）『「大日本帝国」崩壊——東アジアの 1945 年』中公新書。

加藤聖文（2017）『満蒙開拓団』岩波書店。

加藤聖文（2017）『国民国家と戦争——挫折の日本近現代史』角川選書。

加藤聖文（2018）「誰が満洲引揚を実現させたのか」方正友好交流の会『星火方正』。

かわな静（2017）『十四歳の「満洲」——満蒙開拓青少年義勇軍千葉中隊鈴木弘一』崙書房出版。

興安街命日会編（2015）『葛根廟事件の証言』新風書房。

澤地久枝（2015）『14歳〈フォーティーン〉満洲開拓村からの帰還』集英社新書。

相井道夫（2009）『満洲開拓団——少年期の追憶』文芸社。

太平洋戦争研究会（1996）『図説満洲帝国』河出書房新社。

中国「残留孤児」国家賠償訴訟弁護団全国連絡会編（2009）『政策形成訴訟』中国「残留孤児」国家賠償訴訟弁護団全国連絡会。

塚瀬進（1998）『満洲国「民族協和」の実像』吉川弘文館。

中山大将（2012）「韓国永住帰国サハリン朝鮮人——韓国安山市「故郷の村」の韓人」今西一編『北東アジアのコリアン・ディアスポラ——サハリン・樺太を中心に』小樽商科大学出版会。

中山大将（2013）「サハリン残留日本人——樺太・サハリンからみる東アジアの国民帝国と国民国家そして家族」蘭信三『帝国以後の人の移動　ポストコロニアリズムとグローバリズムの交錯点』勉誠出版。

中山大将（2019）『サハリン残留日本人と戦後日本——樺太住民の境界地域史』国際書院。

成田龍一（2010）『「戦争経験」の戦後史——語られた体験／証言／記憶』岩波書店。

西井一夫編（1999）『大日本帝国の戦争1 満洲国の幻影1931-1936』毎日新聞社。

日本移民学会編（2011）『移民研究と多文化共生』御茶ノ水書房。

日本移民学会編(2018)『日本人と海外移住——移民の歴史・現状・展望』明石書店。

パイチャゼ・スヴェトラナ（2018）「サハリン帰国者の若い世代の自己アイデンティティと言語使用・学習に関する考察」『移民研究年報』第24号。

玄武岩「サハリンで交錯する日韓の「残留者」たち」玄武岩・パイチャゼ・スヴェトラナ（2016）『サハリン残留——日韓ロ百年にわたる家族の物語』高文研。

玄武岩・パイチャゼ・スヴェトラーナ編（2016）『サハリン残留——日韓ロ百年にわたる家族の物語』高文研。

北海道中国帰国者支援・交流センター作成『中国帰国者、樺太等帰国者をご存知ですか』パンフレット。

ポール・邦昭・マルヤマ著／高作自子訳（2011）『満洲奇跡の脱出—— 170万同胞を救うべく立ち上がった3人の男たち』星雲社。

満蒙開拓平和記念館編（2018）「満洲への朝鮮人移民特別展資料——朝鮮人移民を知っていますか」満蒙開拓平和記念館発行。

満蒙開拓を語り継ぐ会（2003）『下伊那のなかの満洲——聞き書き報告集Ｉ』飯田市歴史研究所。

南誠（2016）『中国帰国者をめぐる包摂と排除の歴史社会学——境界文化の生成とそのポリティクス』明石書店。

山室信一（2004）『キメラ——満洲国の肖像（増補版）』中公新書。

〔中国人養父母関連〕

佟岩・浅野慎一（2009）「中国残留孤児を育てた養父母たち」蘭信三編『中国残留日本人という経験——「満洲」と日本を問い続けて』勉誠出版。

浅野慎一・佟岩（2006）『異国の父母——中国残留孤児を育てた養父母の群像』岩波書店。

鮑海春他主編（2015）『中国养父母历史档案』（日本語名：中国養父母の歴史記録）』黒竜江人民出版社。

〔満蒙開拓青少年義勇軍関連〕

義勇軍シンポジウム編（2015）『第5回「満蒙開拓青少年義勇軍」シンポジウム記録集——義勇軍体験をどう継承するか』同会。

義勇軍シンポジウム編（2018）『第8回「満蒙開拓青少年義勇軍」シンポジウム記録集——上伊那における青少年義勇軍』同会。

義勇軍シンポジウム編（2019）『第9回「満蒙開拓青少年義勇軍」シンポジウム記録集——下伊那における青少年義勇軍』同会。

長野県歴史教育者協議会（2000）『満蒙開拓青少年義勇軍と信濃教育会』大月書店。

〔中国・サハリン残留朝鮮人関連〕

アナートリー・T・クージン著／岡奈津子、田中水絵共訳（1998）『沿海州・サハリン　近い昔の話——翻弄された朝鮮人の歴史』凱風社。

今西一編（2012）『北東アジアのコリアン・ディアスポラ——サハリン・樺太を中心に』紀伊國屋書店。

大沼保昭（1992）『サハリン棄民——戦後責任の点景』中公新書。

外村大（2013）「日本帝国と朝鮮人の移動——議論と政策」蘭信三編『帝国以後の人の移動——ポストコロニアリズムとグローバリズムの交錯点』勉誠出版。

崔吉城（2007）『樺太朝鮮人の悲劇——サハリン朝鮮人の現在』第一書房。

陳野守正（1998）『歴史からかくされた朝鮮人満洲開拓団と義勇軍』梨の木舎。

戸田郁子（2011）『中国朝鮮族を生きる——旧満洲の記憶』岩波書店。

林えいだい（1991）『証言・樺太朝鮮人虐殺事件』風媒社。

玄武岩（2013）『コリアン・ネットワーク——メディア・移動の歴史と空間』北海道大学出版会。

満蒙開拓平和記念館編（2018）「満洲への朝鮮人移民特別展資料——朝鮮人移民を知っていますか」満蒙開拓平和記念館。

三木理史（2008）「総説」蘭信三編著『日本帝国をめぐる人口移動の国際社会学』不二出版。

〔社会科教育・その他教育関連〕

石川寛輔（2008）「社会科教科書における日本人移民・日系人に関する記述の変遷」

『日系移民学習の理論と実践──グローバル教育と多文化教育をつなぐ』明石書店。

岩田彦太郎（2018）「戦争体験の聴き取り学習の可能性」『歴史地理教育』881 号。

太田満（2019）「サハリン残留・帰国者学習の教材開発──国際理解教育の観点から」『共栄大学研究論集』第 17 号。

大津和子編（2014）『日韓中でつくる国際理解教育──日本国際理解教育学会・ユネスコアジア太平洋文化センター（ACCU）共同企画』明石書店。

金子邦秀（2002）「社会科の基本的性格」星村平和監修・原田智仁編著『社会科教育へのアプローチ──社会科教育法』現代教育社、pp.13-16。

唐木清志（2010）「社会参画と社会科」唐木清志他『社会参画と社会科教育の創造』学文社。

舘潤二（2002）「公民的分野導入単元「現代日本の歩みと私たちの生活」の授業構想──「中国残留邦人」問題から現代日本を考える」『筑波大学附属中学校研究紀要』第 54 号。

土屋武志（2000）「戦後史学習」日本社会科教育学会編『社会科教育事典』ぎょうせい。

橋本一秋（2012）「『自分たちが最後』──三学年の総合的な学習の時間を活用した戦争体験聴き取りの授業」『歴史地理教育』790 号。

原田智仁（2004）「日中相互理解に関する教材開発の視点と方法」日本教材文化研究財団『日中相互理解のための教材開発に関する基礎的研究』。

原田智仁（2018）『中学校新学習指導要領社会の授業づくり』明治図書。

藤井大亮（2018）「オーラルヒストリーが育む歴史的な見方・考え方」井田仁康監修・編著『21 世紀の教育に求められる「社会的な見方・考え方」』帝国書院。

中條克俊（2015）「NHK「戦争証言アーカイブス」に学ぶ──戦争証言者は私たちに何を伝えたいのか」『歴史地理教育』838 号。

二井正浩（2002）「社会科教材研究と教科書活用の方法」星村平和監修・原田智仁編著『社会科教育へのアプローチ──社会科教育法』現代教育社。

歴史教育研究会・歴史教科書研究会編（2007）『日韓歴史共通教材──日韓交流の歴史──先史から現代まで』明石書店。

森茂岳雄・中山京子（2008）『日系移民学習の理論と実践──グローバル教育と多文化教育をつなぐ』明石書店。

森茂岳雄・中山京子（2014）「3.0 大単元「人の移動」の概要」大津和子編『日韓中でつくる国際理解教育──日本国際理解教育学会・ユネスコアジア太平洋文化センター（ACCU）共同企画』明石書店。

〔その他〕

井澗裕『サハリンのなかの〈日本〉──都市と建築』ユーラシア・ブックレット No.108。

大江志乃夫他編（1993）『膨張する帝国の人流』（岩波講座近代日本と植民地 5）岩波書店。

小熊英二（2015）『生きて帰ってきた男——ある日本兵の戦争と戦後』岩波新書。

小熊英二・姜尚中編（2008）『在日一世の記憶』集英社新書。

小熊英二・髙賛侑・高秀美編（2016）『在日二世の記憶』集英社新書。

加藤陽子（2007）『満洲事変から日中戦争へ』岩波新書。

桜井厚（2012）『ライフストーリー論』弘文堂。

佐藤卓己（2005）『八月十五日の神話——終戦記念日のメディア学』ちくま新書。

下斗米伸夫編（2016）『ロシアの歴史を知るための 50 章』明石書店。

谷富夫（1996）『ライフ・ヒストリーを学ぶ人のために』世界思想社。

寺沢秀文（2013）「語り継ぐ「満蒙開拓」の史実」信濃史学会『信濃』第 65 巻第 3 号。

寺沢秀文（2016）「「満蒙開拓平和記念館」開館から三年半を経て——記念館の現状と開館の成果、今後の課題」信濃史学会『信濃』第 68 巻　第 11 号。

富田武（2016）『シベリア抑留——スターリン独裁下、「収容所群島」の実像』中公新書。

富田武・岩田悟編（2016）『語り継ぐシベリア抑留——体験者から子と孫の世代へ』ユーラシア文庫。

花田智之（2016）「大祖国戦争——偉大なる戦勝体験」下斗米伸夫編『ロシアの歴史を知るための 50 章』明石書店。

福間良明（2009）『「戦争体験」の戦後史——世代・教養・イデオロギー』中公新書。

福間良明・野上元・蘭信三・石原俊編『戦争社会学の構想——制度・体験・メディア』勉誠出版。

藤本和貴夫（1996）『ロシア学を学ぶ人のために』世界思想社。

〔動画資料〕

「中国残留邦人等の証言映像〜運命の軌跡〜」（厚生労働省）に収められた「戸倉冨美〜日本人としての覚悟　看護師としての使命〜」、「伊藤實〜カザフスタン強制移住　遠き祖国への思い〜」、「猿田勝久〜家族の死を乗り越え　養父に繋げられた命〜」。

●著者プロフィール

太田　満（おおた・みつる）
共栄大学専任講師
主要業績：「多民族学習としての小学校歴史学習──アイヌ史の位置づけを中心に」日本社
会科教育学会『社会科教育研究』No.117（2012 年）、「多文化共生社会で求められる小学校
歴史学習の内容構成──Ｊ.Ａ.バンクスの変換アプローチを手がかりに」社会系教科教育
学会『社会系教科教育学研究』第 27 号（2015 年）他。

中国・サハリン残留日本人の歴史と体験
──北東アジアの過去と現在を次世代に伝えるために

2019 年 10 月 25 日　初版第 1 刷発行

著　　者　　太　田　　　満
発 行 者　　大　江　道　雅
発 行 所　　株式会社 明石書店
〒101-0021 東京都千代田区外神田 6-9-5
電　話　03（5818）1171
FAX　03（5818）1174
振　替　00100-7-24505
http://www.akashi.co.jp

組　版　　　　有限会社秋耕社
装　丁　　　　明石書店デザイン室
印刷・製本　　モリモト印刷株式会社

（定価はカバーに表示してあります）　　　　　　　　ISBN978-4-7503-4916-9

JCOPY　＜出版者著作権管理機構 委託出版物＞
本書の無断複製は著作権法上での例外を除き禁じられています。複製される場合は，
そのつど事前に，出版者著作権管理機構（電話 03-5244-5088，FAX 03-5244-5089，
e-mail：info@jcopy.or.jp）の許諾を得てください。

社会科における多文化教育

多様性・社会正義・公正を学ぶ

森茂岳雄、川﨑誠司、桐谷正信、青木香代子 [編著]

◎A5判／並製／304頁　◎2,700円

多文化教育における理論的展開の背景およびその批判的検討と現代的課題をおさえた上で、日本の社会科（地理・歴史・公民）での多文化教育の授業開発とその理論を概観する。小中高での実践事例や北米の事例研究を収録した多文化社会における社会科のあり方を考える上で有用な一冊。

《内容構成》

第Ⅰ部　多文化教育の現代的課題

第1章　多文化教育再考　［森茂岳雄／青木香代子］
第2章　多文化教育で育成がめざされる資質・能力　［松尾知明］
第3章　日本における多文化教育政策の展開　［福山文子］
　コラム1　全米多文化教育学会（NAME）の理念　［川﨑誠司］
　コラム2　社会正義のための教師団体　［青木香代子］

第Ⅱ部　社会科における多文化教育の理論

第4章　社会科における多文化教育のカリキュラム・デザインと単元開発　［森茂岳雄］
第5章　地理教育における多様性の学び方　［宮崎沙織］
第6章　歴史教育における多様性の学び方　［桐谷正信］
第7章　公民教育における公正の学び方　［川﨑誠司］
　コラム3　全米社会科協議会（NCSS）の多文化教育ガイドライン　［森茂岳雄］
　コラム4　生徒による運動に導くための活動　［青木香代子］

第Ⅲ部　社会科における多文化教育の授業実践

第8章　戦争孤児・中国残留孤児の経験から戦争について考える歴史教育実践　［太田満］
第9章　刺青拒否から文化的多様性を考える地理授業実践　［木村真冬］
第10章　ピクトグラムづくりを通した教科横断型多文化教育実践　［津山直樹］
第11章　政策づくりから多文化共生都市を考える地理授業実践　［中澤純一］
第12章　在日外国人の問題から日本人生徒の偏見・差別・排外意識に気づく「現代社会」授業実践　［山根俊彦］
第13章　国籍法違憲訴訟から外国人の子どもの人権を考える公民科授業実践　［坪井龍太］
　コラム5　「実践研究」の類型　［桐谷正信］

第Ⅳ部　北米の社会科における多文化教育の展開

第14章　アメリカの社会科における多文化法教育の展開　［礒山恭子］
第15章　アメリカにおける「社会正義」を志向するシティズンシップ教育　［久保園梓］
第16章　グアムの社会科における先住民学習と多文化教育　［中山京子］
第17章　カナダにおける多文化主義的カリキュラムへの挑戦と新たな課題　［坪田益美］

〈価格は本体価格です〉

「満洲移民」の歴史と記憶
開拓団内のライフヒストリーからみるその多声性
趙彦民著 ◎6800円

ブラジル日本移民
百年の軌跡
丸山浩明編著 ◎4500円

ハワイの日本人移民
人種差別事件が語る、もうひとつの移民像
世界人権問題叢書 55 山本英政著 ◎2800円

日本人と海外移住
移民の歴史・現状・展望
日本移民学会編 ◎2600円

ワークブック アイヌ・北方領土学習にチャレンジ
日本の先住民族を理解するための160話
平山裕人著 ◎1800円

アイヌの歴史
平山裕人著 ◎3000円

地図でみるアイヌの歴史
縄文から現代までの1万年史
平山裕人著 ◎3800円

イランカラプテ アイヌ民族を知っていますか?
先住権・文化継承・差別の問題
秋辺日出男、阿部ユポほか著 アイヌ民族に関する人権教育の会監修 ◎2000円

社会科教育と災害・防災学習
東日本大震災に社会科はどう向き合うか
日本社会科教育学会編 ◎2800円

韓国の歴史教育
皇国臣民教育から歴史教科書問題まで
金漢宗著 國分麻里、金玹辰訳 ◎3800円

中国の歴史と社会
世界の教科書シリーズ 26 課程教材研究所、綜合文科課程教材研究開発中心編著 並木頼寿監訳 ◎4800円

中国の歴史 中国高等学校歴史教科書
世界の教科書シリーズ 11 人民教育出版社歴史室編 小島晋治、大沼正博、川上哲正、白川知多訳 ◎6800円

検定版 韓国の歴史教科書 高等学校韓国史
世界の教科書シリーズ 39 イ・インソクほか著 三橋広夫、三橋尚子訳 ◎4600円

日韓でいっしょに読みたい韓国史
未来に開かれた共通の歴史認識に向けて
徐毅植、安智源、李元淳、鄭在貞、君島和彦、國分麻里、山崎雅稔訳 ◎2000円

ロシア沿海地方の歴史 ロシア沿海地方高校歴史教科書
世界の教科書シリーズ 8 ロシア科学アカデミー極東支部歴史・考古・民族学研究所編 村上昌敬訳 ◎3800円

ロシアの歴史
世界の教科書シリーズ 31・32 [上]古代から19世紀前半まで [下]19世紀後半から現代まで ロシア中学・高校歴史教科書 A・ダニーロフほか著 吉田衆一ほか監訳 ◎各6800円

〈価格は本体価格です〉

まんが クラスメイトは外国人
「外国につながる子どもたちの物語」編集委員会編
みなみななみ まんが
多文化共生20の物語
◎1200円

まんが クラスメイトは外国人 入門編
「外国につながる子どもたちの物語」編集委員会編
みなみななみ まんが
はじめて学ぶ多文化共生
◎1200円

国際理解教育
佐藤郡衛著
多文化共生社会の学校づくり
◎2300円

国際理解教育ハンドブック
日本国際理解教育学会編著
グローバル・シティズンシップを育む
◎2600円

シミュレーション教材「ひょうたん島問題」
藤原孝章著
多文化共生社会ニッポンの学習課題
◎1800円

前川喜平 教育のなかのマイノリティを語る
前川喜平・青砥恭・関本保孝・善元幸夫・金井景子・新城俊昭著
高校中退・夜間中学・外国につながる子ども・LGBT・沖縄の歴史教育
◎1500円

多文化共生のためのテキストブック
松尾知明著
◎2400円

多文化共生キーワード事典【改訂版】
多文化共生キーワード事典編集委員会編
◎2000円

多文化社会の社会教育
渡辺幸倫編著
公民館・図書館・博物館がつくる「安心の居場所」
◎2500円

多文化共生と人権
近藤敦著
諸外国の「移民」と日本の「外国人」
◎2500円

新 移民時代
西日本新聞社編
外国人労働者と共に生きる社会へ
◎1600円

移民政策のフロンティア
移民政策学会設立10周年記念論集刊行委員会編
日本の歩みと課題を問い直す
◎2500円

多文化社会に生きる子どもの教育
佐藤郡衛著
外国人の子ども、海外で学ぶ子どもの現状と課題
◎2400円

外国人児童生徒受入れの手引【改訂版】
文部科学省総合教育政策局男女共同参画共生社会学習・安全課編著
◎800円

包摂・共生の政治か、排除の政治か
宮島喬・佐藤成基編
移民・難民と向き合うヨーロッパ
◎2800円

地域から国民国家を問い直す
奥野良知編著
スコットランド、カタルーニャ、ウイグル、琉球・沖縄などを事例として
◎2600円

〈価格は本体価格です〉